AF312837

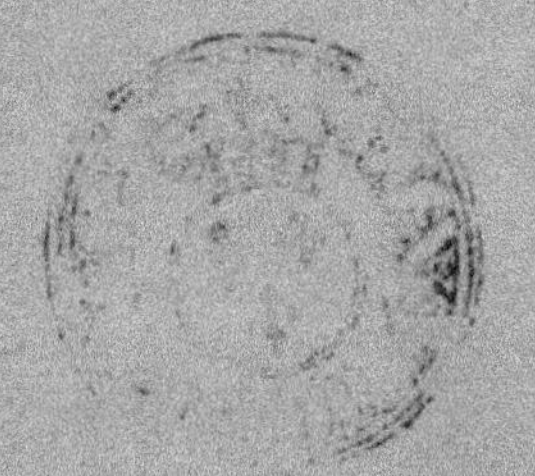

V 2682
4

2532

TRANSPOSITIONS DE MUSIQUE,

REDUITES AU NATUREL,
par le secours de la Modulation.

Avec une Pratique des Transpositions irrégulierement écrites; Et la maniére d'en surmonter les difficultez.

Par *ALEXANDRE FRERE*, cy-devant de l'Accademie Royale de Musique.

A PARIS,

Chez CHRISTOPHE BALLARD, seul Imprimeur du Roy pour la Musique, Ruë S. Jean de Bauvais, au Mont-Parnasse.

M DCC VI.
Avec Privilege de Sa Majesté.

A
SON ALTESSE ROYALE
MONSEIGNEUR
LE DUC D'ORLEANS.

ONSEIGNEUR,

Toute la France sçait que VOTRE
ALTESSE ROYALE
protége ouvertement les Sciences & les

beaux Arts, & que ceux qui les pro-
feſſent ne cherchent, pour ſe faire valoir,
que l'honneur de voſtre approbation.
Pour moy, MONSEIGNEUR,
qui ne me flate point de la pouvoir meriter, je n'ay d'autre vuë,
en vous preſentant ce petit Ouvrage,
aprés la permiſſion que j'en ay heureu-
ſement obtenuë, que de vous donner
une marque publique de ma reconnoiſ-
ſance, & du trés-profond reſpect, avec
lequel je ſuis,

MONSEIGNEUR,

DE VOTRE ALTESSE ROYALE,

Le trés-humble & trés-
obéiſſant Serviteur
ALEXANDRE FRERE.

PREFACE.

QUelque soin qu'on ait pris jusqu'à present, pour bien expliquer les Transpositions dans tous les Principes de Musique, qui ont esté donnez au Public, on n'est point encore arrivé au degré de satisfaire entierement les ecoliers sur ce chapitre; Et quoyque la supposition d'un *Si*, dans le dernier Dieze, & d'un *Fa* dans le dernier Bemol, suivant la Methode de plusieurs Maîtres, paroisse être la maniere la plus prompte & la plus aisée, elle laisse cependant toûjours quelque chose à soûhaiter à ceux qui ne sont pas instruits des raisons de cette supposition; & comme il arrive souvent de ne pas mettre prés la Clef, la juste quantité de Bemols ou de Diezes necessaires dans chaque modulation, celuy qui ne sçait que cette maniere de transposer, est souvent embarassé, sur tout lorsqu'il s'en trouve plusieurs d'obmis, puisque le dernier Bemol ou Dieze qu'il cherche est tres-souvent un de ceux qu'on neglige de mettre prés la Clef. J'ay crû faire plaisir à ceux que de pareils incidents peuvent arrêter, de leur donner les moyens de les surmonter, en rendant publique *La maniere de réduire au naturel toute sorte de Musique transposée, par le secours de la modulation.*

Cette maniere doit paroître plus sûre & plus instructive qu'aucune autre, puisqu'elle fait connoître la raison des suppositions qu'on enseigne de faire dans les Diezes, & dans les Bemols. Elle enseigne aussi la maniere de prendre son ton suivant l'étenduë de sa voix, en sorte qu'on ne puisse pas estre surpris dans le milieu d'un Air pour l'avoir commencé trop haut, ou trop bas. Elle explique par ordre tous les tons, & demitons sur lesquels on peut trouver de la Musique écri-

te, avec la juste quantité de Bemols, & de Diezes necessaires à chacun en particulier, & la maniere de suppléer à ceux qui sont oubliez prés la Clef. Elle rend
familiers tous les termes de Musique en usage qui pa-
roissent les plus embarassants ; enfin, elle ne laisse rien
à souhaiter, puisqu'elle conduit insensiblement à la
maniere de surmonter les difficultez que cause *la Transf-*
position irregulierement écrite, qu'on peut appeller
l'ecüeil des plus forts ecoliers.

J'ay divisé cet Ouvrage en deux parties. La pré-
miere contient, *La maniere de réduire au naturel toute*
sorte de Musique transposée, par le secours de la modula-
tion. La seconde, explique la maniere de surmonter
les difficultez de *la Transposition irregulierement écrite*,
c'est à dire, celle dont les Diezes ou Bemols qui luy sont
necessaires, ne sont pas mis régulierement prés la Clef.

Quelque soin que j'aye pris pour rendre le tout
facile, & intelligible, je n'ay pas prétendu que ceux
qui n'ont aucune notion de Musique, le puissent entendre sans secours : je suppose qu'on ait au moins trois
ou quatre mois de pratique, pour comprendre aisément
ce que cet Ouvrage renferme. J'espere que ceux qui
prendront la peine de le lire, voudront bien excuser
quelques répetitions qu'on ne peut éviter, quand on
veut rendre les choses sensibles. Cette matiere étant un
peu abstraite pour les ecoliers, demande du soin pour
la bien faire entendre, le Lecteur aura donc la bonté
de regarder cecy comme une conversation familiere
& instructive, qu'un Maître auroit avec son ecolier,
& non comme un discours qu'on voudroit exposer
à la censure publique : si malgré tous mes soins, je ne
me suis pas encore rendu assez intelligible, j'offre à
ceux qui trouveront ce deffaut, de leur lever les difficultez qu'ils pourront rencontrer.

TABLE.

Premiere Partie.

Seconde Partie.

F I N.

TRANSPOSITIONS
DE MUSIQUE.

PREMIERE PARTIE.

De la maniere de reduire au naturel toute forte
de Mufique tranfpofée, par le fecours
de la Modulation.

ES degrez que renferment les cinq lignes cy deffous, s'apellent Cordes de la Gamme. La colomne de cette Gamme qui commence par *sol*, s'appelle ordinairement, premiere colomne, & celle qui commence par *ut* eft la deuxiéme colomne.

Le nom de ces Cordes est déterminé par le nom
de celle où est posée la Clef, laquelle prend le sien
de la Clef même ; de maniere que sur quelque Corde
qu'on trouve posée la Clef de *C sol ut*. On appelle cette
Corde *C sol ut*.

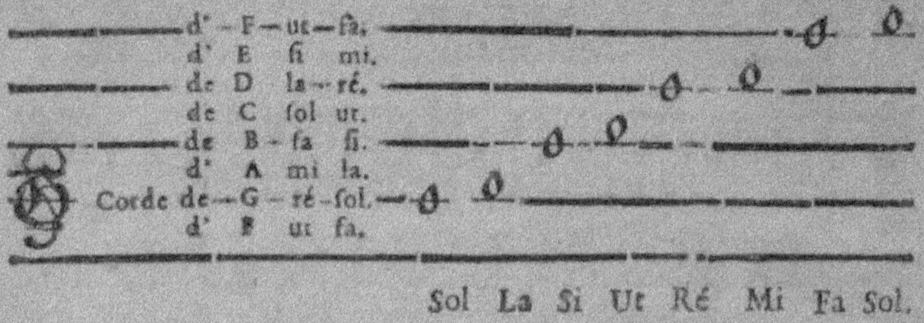

Sur quelque Corde qu'on trouve posée la Clef de
G re sol. On appelle cette Corde *G re sol*.

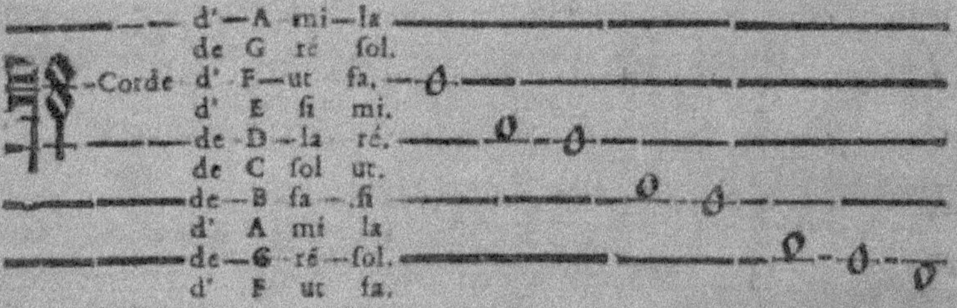

Sur quelque corde qu'on trouve posée la Clef
d'*F ut fa*, on appelle cette Corde *F ut fa*.

On pourra connoître sur quelle Corde de la Gamme
sera travaillée une piece de Musique, par la derniere
note du Dessus, ou Sujet, ou par la premiere de la
Basse-continuë, s'il y en a une, pourvû qu'elle commence directement avec le Sujet ; car pour peu qu'elle
commence devant ou aprés, c'est à-dire, par fugue
ou par imitation, on doit s'en rapporter à la derniere du Sujet, comme plus certaine.

Je suppose un Air qui finit par un *ut* , on pourra
dire qu'il est travaillé en *C sol ut*.

EXEMPLE.

Ut.
En C sol ut.
Si.
En B fa si.
La.
En A mi la.
Sol.
En G re sol.
Fa.
En F ut fa.
Mi.
En E si mi.
Re.
En D la re.
Ut.
En C sol ut.

A ij

Les mêmes notes qui forment la derniere colomne de la Gamme, & qui finiſſent des pieces de Muſique, comme nous venons de voir, peuvent être auſſi précedées d'un Dieze ou d'un Bemol.

E X E M P L E du Diéze.

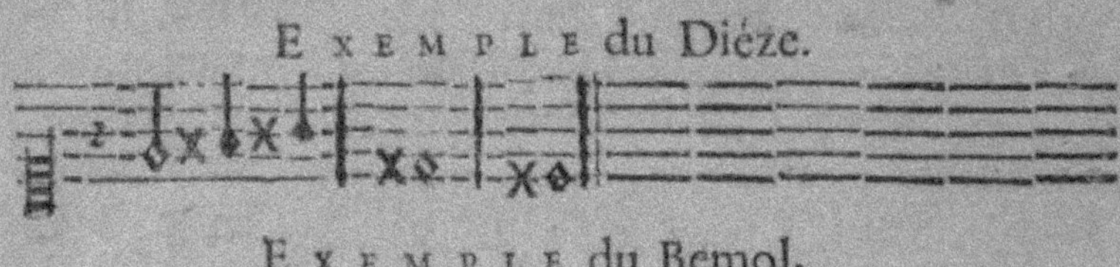

E X E M P L E du Bemol.

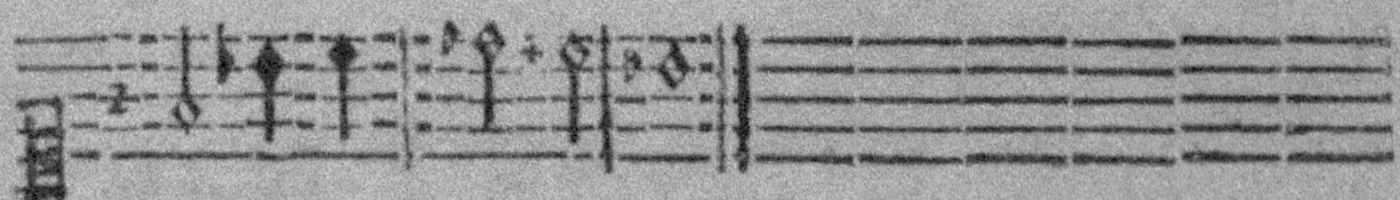

Et c'eſt ce que nous appellons travailler ſur les demi-tons, & dont l'expreſſion paroît longue, quand il les faut expliquer ; c'eſt pourquoy ſi l'on veut ne s'en pas charger la mémoire, on pourra dire au lieu de *C ſol ut Dieze*, *tierce mineure*, en quoy eſt travaillé le premier exemple, dire ſimplement *l'Ut dieze Tierce mineure*, & au lieu de *B fa ſi bemol*, *tierce mineure*, en quoy eſt travaillé le ſecond, dire ſimplement *le ſi bemol*, tierce mineure ; Mais comme tous les Ecoliers n'entendent pas les termes de Tierce majeure, & de Tierce mineure, non plus que celuy de Modulation, mon deſſein eſt d'en faire icy un détail le plus exact & le plus intelligible, qu'il me ſera poſſible.

Introduction à la connoiſſance
de la Modulation.

Le terme de la Modulation dans la pratique de ceux qui chantent, n'eſt autre choſe qu'une eſpece de prélude, que celuy qui veut chanter une piece de Muſique, fait avant que de commencer, tant pour en connoître l'étenduë, que pour sentir si elle est tra-vaillée dans une Modulation majeure ou mineure.

On cherche à en connoître l'étenduë afin d'éviter d'être arresté dans le milieu d'un Air, pour l'avoir pris trop haut, ou trop bas.

On connoît que la Modulation est majeure, lorsque la Tierce de la derniere note qui finit l'Air est composée de deux tons: on connoît qu'elle est mineure, lorsqu'elle n'est composée que d'un ton & demy. La pratique en sera facile, quand on sera persuadé que de *l'ut* au *re* il y a un ton.

Du *re* au *mi* . . . . . un ton.
Du *mi* au *fa* . . . . . un demi-ton.
Du *fa* au *sol* . . . . . un ton.
Du *sol* au *la* . . . . . un ton.
Du *la* au *si* . . . . . un ton.
Du *si* à *l'ut* . . . . . un demi-ton.

E X E M P L E.

Il est aisé de connoître que cette Octave ne renferme que six tons, quoyqu'elle soit composée de huit notes, & qu'elle renferme sept degrez.

Cette difference de tons & de demi-tons dont cette Octave est composée, nous forme des Tierces composées de deux tons; & d'autres qui ne le font que d'un ton & demi.

Celles qui sont composées de deux tons, s'appellent majeures; celles qui ne sont composées que d'un ton & demi, s'appellent mineures.

La Tierce de *l'ut* en montant est le *mi*. De *l'ut* au

ré il y a un ton , du *ré* au *mi* il y a un ton ; cette Tierce composée de deux tons , s'appelle majeure.

EXEMPLE 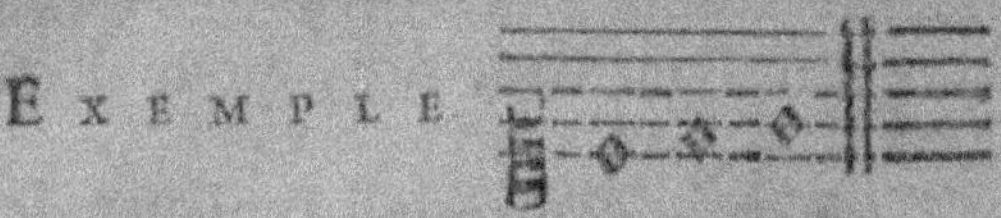

La Tierce du *ré* en montant, car c'est toûjours ainsi qu'il les faut entendre , est le *fa*. Du *ré* au *mi*, un ton , du *mi* au *fa* un demi-ton ; cette Tierce composée d'un ton & demi, s'appelle mineure.

EXEMPLE. 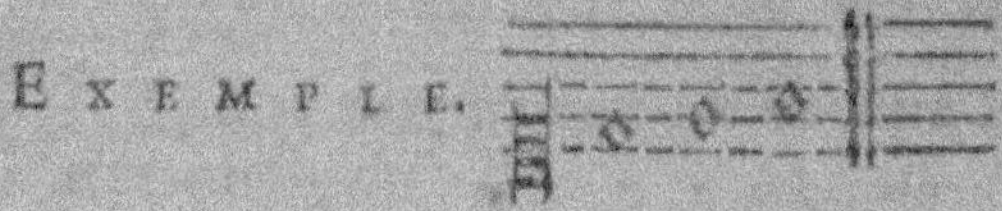

Pour faire cette maniere de prélude dont je viens de parler , lorsqu'on veut prendre son ton pour chanter quelque chose , & pour tâcher de le prendre dans l'étenduë de sa voix , il s'agit de connoître la derniere note du sujet proposé , & qu'elle est sa Tierce , l'Air qui suit , finit par un *ut* , la Tierce qui se trouve composée de deux tons s'appelle majeure.

EXEMPLE.

On jettera ensuite les yeux dans le cours de l'Air, pour en connoître l'étenduë , c'est-à-dire le plus haut , & le plus bas , ce qu'on peut appeller les deux extremitez, on prendra ensuite le son de *l'ut* qui finit l'Air, à son gré seulement , pour essayer si l'on peut toucher celuy d'en haut sans contrainte : car en examinant l'étenduë de cet Air, on trouve que l'*ut* qui le finit est le plus bas , & que le plus haut est l'*ut* au dessus de la Clef, ce qui ne fait qu'une Octave d'étenduë. On observera en essayant de toucher ces deux

extrémitez, de paſſer par les Intervalles de Tierce,
Quinte, & Octave de la note finale, qu'on doit regarder comme la baze de la Modulation.

E X E M P L E.

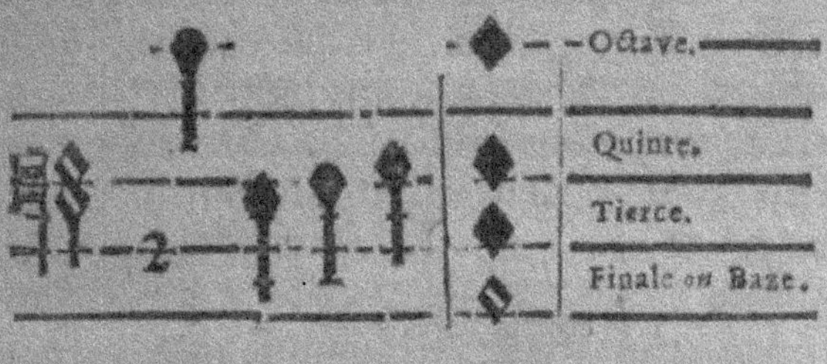

La Tierce de l'*ut* qui finit l'Air eſt le *mi*, la Quinte
eſt le *ſol*, & l'Octave eſt un autre *ut*; on obſervera
de deſcendre de cet *ut*, par les mêmes degrez ou
Cordes, qui ont ſervi à y monter, aprés quoy, ſi l'on
ſent qu'on puiſſe toucher l'*ut* d'en haut ſans contrainte, & qu'on puiſſe de même fournir à celuy
d'en bas, on pourra commencer à chanter l'Air har-
diment, ſans craindre d'être arrêté pour avoir pris
le ſon de la note finale trop haut, ou trop bas.

Si l'Air propoſé paſſe cette Octave d'étenduë, &
qu'il aille juſqu'au *mi*, au deſſus de l'*ut* d'en haut.

E X E M P L E.

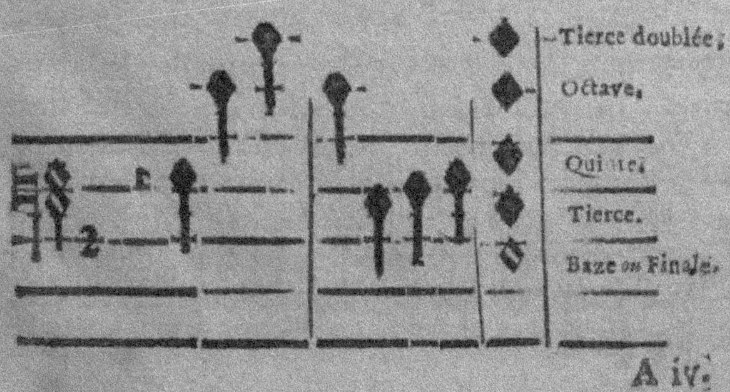

A iv.

On essayera, comme cy-devant, d'en toucher les deux extrémitez, en partant de la note finale de l'Air, qui est un *ut*, & passant toûjours par les mêmes Intervalles de Tierce, Quinte & Octave pour toucher ce *mi*. Si le son de l'*ut* d'en bas, qu'on a pris d'abord à son gré, se trouve trop haut pour pouvoir monter jusqu'au *mi* d'en haut, on sera obligé de baisser le son de cet *ut* qui finit l'Air, de maniere qu'on se puisse trouver de la voix pour fournir à ces deux extrémitez.

On peut trouver un Air qui ait douze degrez d'étenduë, & cela est assez commun sur tout dans les Airs de Basse Taille; c'est alors qu'on a besoin d'un peu de précaution pour bien prendre son ton, & menager sa voix de maniere qu'on puisse en toucher les deux extrémitez sans contrainte, s'il est possible.

E X E M P L E.

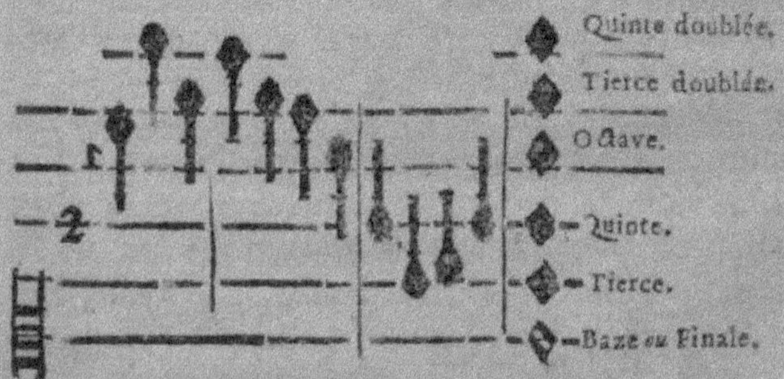

La même précaution s'observe dans un Air qui auroit deux Octaves d'étenduë, en prenant le son de la note finale, de maniere qu'on puisse toucher ce qui se trouve au dessus, & au dessous d'elle.

EXEMPLE.

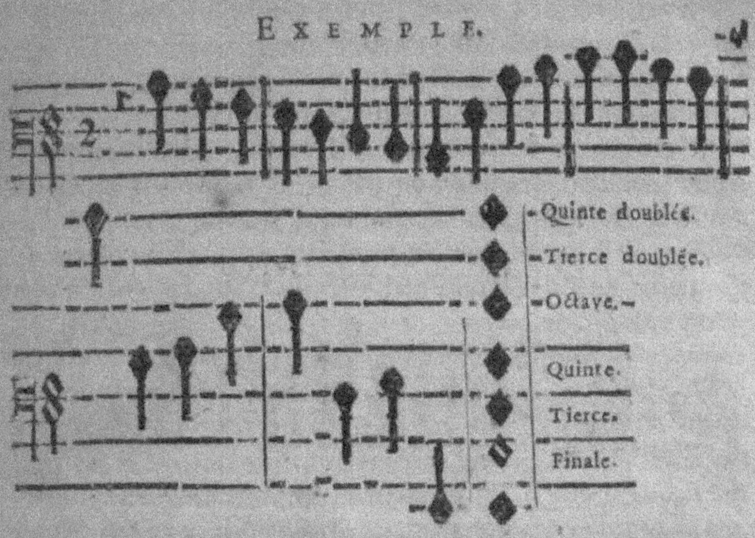

Il est inutile de pousser le prélude qu'on fait pour
Essayer de toucher les deux extremitez d'un Air, plus
loin que l'étenduë de l'Air ne porte, soit en haut,
soit en bas; si l'Air qu'on propose finit par un *ut*, &
qu'aprés avoir jetté les yeux dans le cours de l'Air
on s'apperçoive qu'il ne passe pas le *sol* au dessus,
qui n'en est que la Quinte, on se contentera de prendre le son de cet *ut*, de maniere que le *sol* qui est
le plus haut de l'Air, soit aussi le plus haut de la
voix, & cela dans le dessein de conserver de la voix
pour toucher en bas, ce qui ne manquera pas de se
trouver au dessous de cette note finale, n'y ayant que
trés-peu d'Airs qui n'ayét plus d'une quinte d'étenduë.

EXEMPLE.

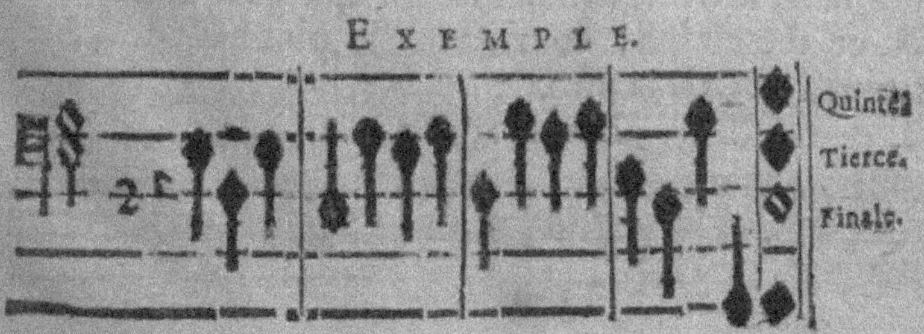

Ce que ie viens d'expliquer de la maniere de paſſer par les Intervalles de la Modulation, pour ſe mettre dans la juſte étenduë de ſa voix lorſqu'un Air finit par un *ut*, & dont la Modulation eſt majeure, ſe doit entendre de même pour les Airs dont la Modulation eſt mineure, en prenant auſſi la Tierce, la Quinte & l'Octave de la note finale.

E X E M P L E S.

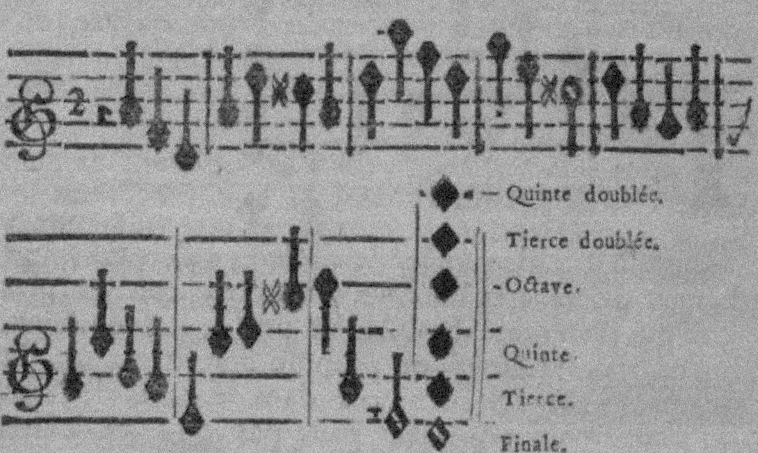

La derniere note de cet Air eſt un *ré*, ſa Tierce eſt le *fa*, ſa Quinte eſt le *la*, ſon Octave eſt le *ré*, la Tierce de ce *ré*, qu'on peut appeller doublée, eſt le *fa*, ſa Quinte qu'on peut de même appeller doublée, puiſqu'elle eſt déja repetée une fois, eſt le *la*, &c. On doit prendre la même précaution, qu'on a fait à la Modulation majeure, lorſque l'Air n'a qu'une Octave d'étenduë, en mettant le plus haut de l'Air, au plus haut de la voix.

E X E M P L E.

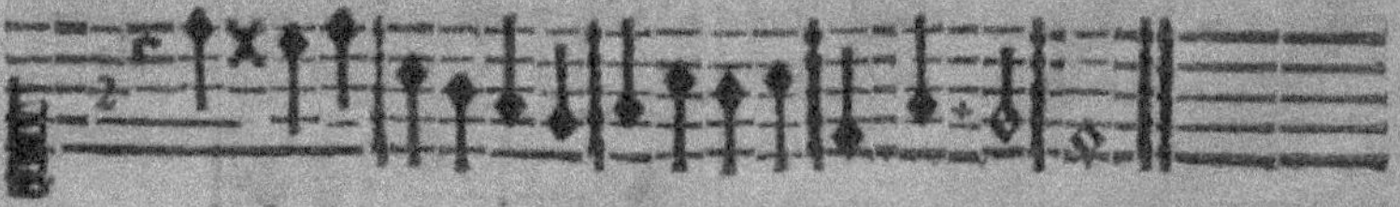

Je reviens à la maniere de réduire les Modulations transposées, au naturel, par le secours de la
Modulation même.

J'ay déja dit que la Tierce de l'*ut* qui est le *mi*,
étant composée de deux tons, s'appelle majeure.

Que celle du *ré*, qui est le *fa*, n'étant composée
que d'un ton & demy, s'appelle mineure.

Nous n'avons que ces deux Tierces qui soient differentes dans la Musique ; les Tierces des autres notes ne
pouvant être composées que de deux tons, ou d'un ton
& demi, ne peuvent être aussi que majeures ou mineures, & par consequent semblables à celle de l'*ut*, & à
celle du *ré*.

Si nous sommes bien persuadez qu'il n'y a que
deux Tierces differentes dans la Musique, nous le
serons aussi, qu'il n'y a que deux Modulations differentes, puisque ces Modulations prennent leur nom
des Tierces par lesquelles on les commence ; de maniere qu'un Air qui finit par un *ut*, la Tierce en étant
majeure, on pourra assûrer que cet Air est travaillé
dans une Modulation majeure.

E X E M P L E.

Si de même un Air finit par un *ré*, la Tierce n'étant
composée que d'un ton & demi, & étant par consequent mineure, on peut dire que cet Air est travaillé
dans une Modulation mineure.

E X E M P L E.

Et ainsi des autres notes de la derniere colomne
de la Gamme qui finissent des pieces de Musique, dont
les Tierces ne peuvent être que majeures ou mineu-

res, avec cette circonstance, qu'il faut bien observer que nous regardons *la Modulation majeure de l'ut comme la plus naturelle de toutes les autres Modulations majeures, lesquelles nous appellons à son égard, transposées & à laquelle nous les rapportons toutes.* De maniere que quelque transposition qu'on nous donne, & quelque difficile qu'elle nous paroisse, si nous connoissons que la Tierce de la derniere note est majeure, nous n'avons qu'à changer le nom de cette derniere note en *ut*; & si la transposition est écrite régulierement, c'est à-dire, si tous les diezes ou bemols attachez à cette Modulation sont fidelement mis après la Clef, nous serons sûrs de chanter l'Air proposé sans difficulté.

Nous regardons de même *la Modulation mineure du ré comme la plus naturelle de toutes les autres Modulations mineures, lesquelles nous appellons à son égard, transposées, & à laquelle nous les rapportons toutes*; de maniere que quelque Transposition qu'on nous donne, si nous connoissons que la Tierce de la derniere note soit mineure, nous n'avons qu'à changer le nom de la derniere note en *ré*; & si la Transposition est régulierement écrite, nous serons sûrs de chanter l'Air proposé aussi facilement, que s'il étoit écrit dans une Modulation naturelle.

J'appelle une piece de Musique transposée, celle dont la derniere note qui finit l'Air est un *ut*, & dont la Tierce cependant se trouve mineure. J'appelle une piece de Musique transposée, celle dont la derniere note qui finit l'Air est un *ré*, & dont cependant la Tierce se trouve majeure.

C'est réduire au naturel un Air transposé, que de changer la derniere note en *ut*, si la Tierce en est majeure.

C'est reduire au naturel un Air transposé, que de changer la derniere note en *re*, si la Tierce en est mineure.

Tierce mineure tranſpoſée du *Si.*

Tierce mineure tranſpoſée du *La.*

Tierce majeure tranſpoſée du *Sol.*

Tierce majeure tranſpoſée du *Fa.*

Tierce mineure tranſpoſée du *Mi.*

Tierce mineure naturelle du Re, *à laquelle il faut rapporter toutes les autres Tierces mineures tranſpoſées.*

*Tierce majeure naturelle de l'*Ut. *à laquelle il faut rapporter toutes les autres Tierces majeures tranſpoſées.*

Puiſque nous établiſſons de rapporter toutes les Tierces majeures à celle de l'*ut*, & toutes les Tierces mineures à celle du *ré*, il s'agit de s'appliquer à les diſtinguer ; la Tierce du *mi* qui eſt le *ſol*, eſt mineure, parce qu'elle n'eſt compoſée que d'un ton & demy, ſi l'Air qu'on propoſe finit par un *mi*, il faut chan-ger ce *mi* en *ré*.

EXEMPLES.

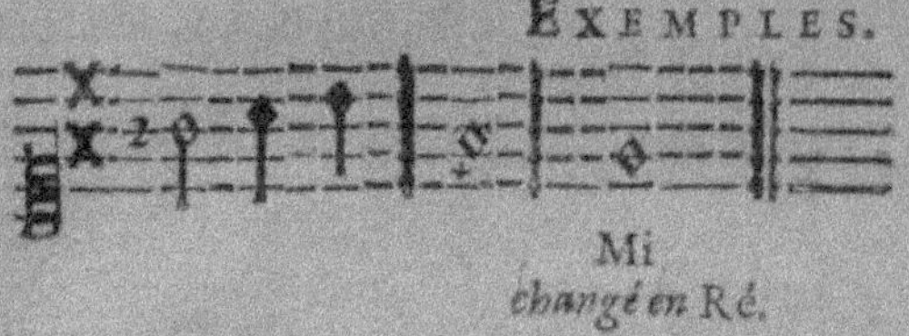

Mi
changé en Ré.

La Tierce du *fa* qui est le *la*, est majeure, parce qu'elle est composée de deux tons, si l'Air qu'on propose finit par un *fa*, il faut changer ce *fa* en *ut*.

EXEMPLE.

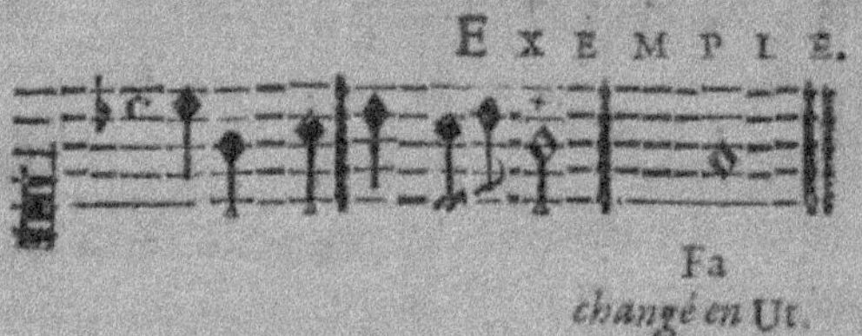

Fa
changé en Ut.

La Tierce du *sol*, qui est le *si*, est majeure, parce qu'elle est composée de deux tons; si l'Air qu'on propose, finit par un *sol*, il faut changer ce *sol* en *ut*.

EXEMPLE.

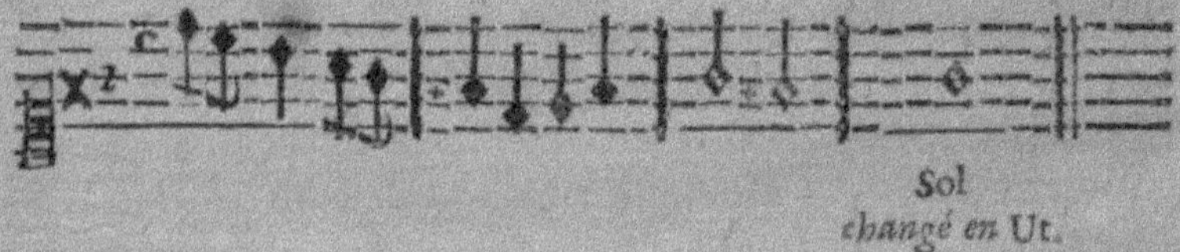

Sol
changé en Ut.

La Tierce du *la* qui est l'*ut*, est mineure, parce qu'elle n'est composée que d'un ton & demi; si l'Air qu'on propose finit par un *la*, il faut changer ce *la* en *ré*.

EXEMPLE.

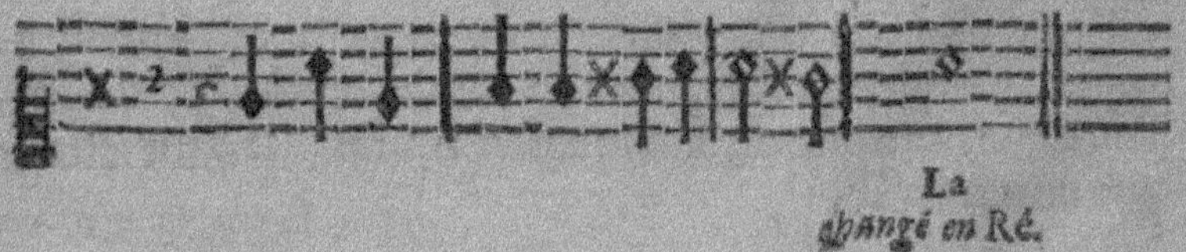

La
changé en Ré.

La Tierce du *si* qui est le *ré*, est mineure, parce
qu'elle n'est composée que d'un ton & demi ; si l'Air
qu'on propose finit par un *si*, il faut changer ce *si*
en *ré*.

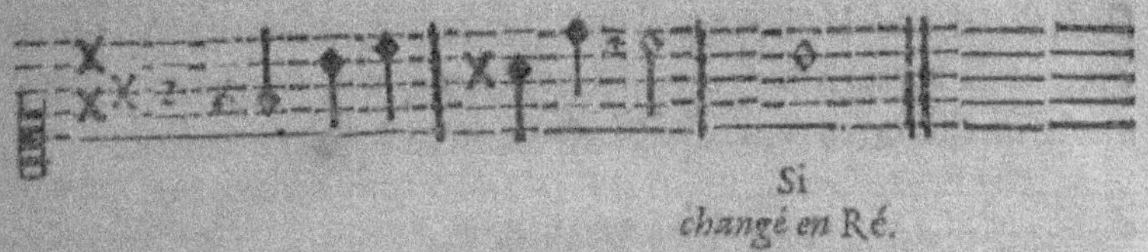

C'est par le changement de ces Tierces transposées en naturelles, qu'on fait plus de progrés dans la
pratique de la Musique en six mois, qu'on n'en peut
faire en deux ans par la maniere de solfier les notes
telles qu'elles sont écrites en faisant les Diezes ou
Bemols à mesure qu'on les rencontre accidentels
dans le cours d'une piece de Musique : cette maniere
est quelquefois si embarassante pour les plus forts
Ecoliers, qu'on en a souvent vû refuser de chanter
sans instrument des Pieces un peu difficiles.

Nous avons dans la pratique de la Musique deux
differents caracteres, qui par leurs differents effets,
sont capables de changer nos Tierces les plus naturelles, en transposées, puisque l'effet du premier,
qu'on appelle Bemol, fait ainsi ♭ , baisse la note prés
de laquelle il se trouve, d'un demi ton, & que l'effet
de l'autre qu'on appelle Diéze, fait ainsi ✕ , est de
hausser la corde ou note sur laquelle il est , d'un
demi ton. Si l'on est bien persuadé de l'effet de ces
deux caracteres, on connoîtra aisément que le Bemol , d'une Tierce majeure en fera une mineure,
lorsqu'il sera mis prés de la note qui termine la
Tierce en montant, car c'est toûjours ainsi qu'il les
faut entendre.

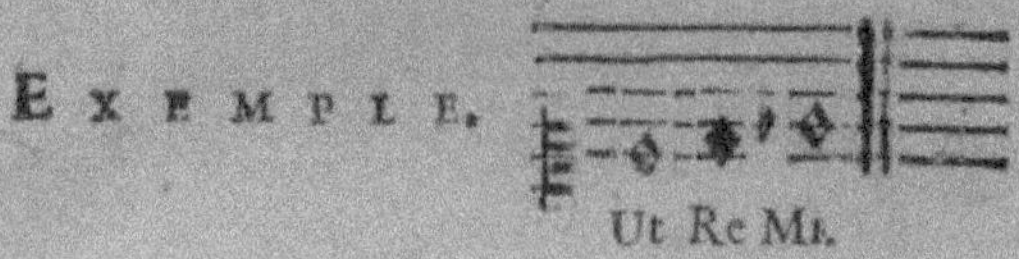

Et c'est ce que nous appellons une Tierce transposée, & difficile à entonner. Il est aisé de démontrer que la Tierce de l'*ut*, qui est le *mi*, est majeure, puisqu'elle est composée de deux tons, de l'*ut* au *ré*, un ton, du *ré* au *mi*, un ton; mais si dans le *mi* il se trouve un Bemol, il ne doit plus avoir du *ré* au *mi* Bemol, qu'un demi-ton; cette Tierce n'étant plus composée que d'un ton & demi, s'appelle mineure, & devient semblable à la Tierce mineure naturelle.

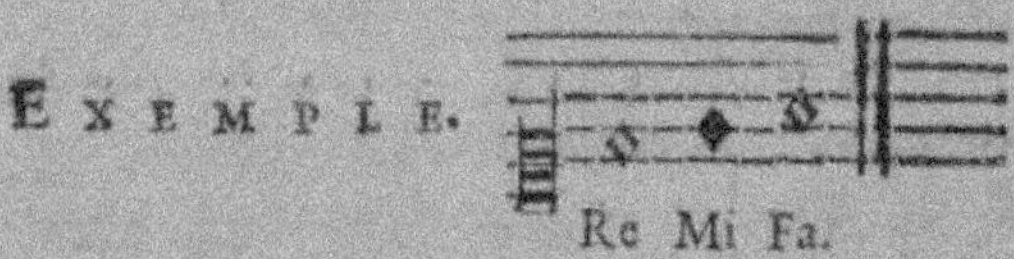

Et comme nous sommes persuadez que celle-cy est la naturelle & la plus aisée à entonner de toutes les Tierces mineures, c'est d'elle dont il se faut servir, & supposer cet *ut* un *ré*.

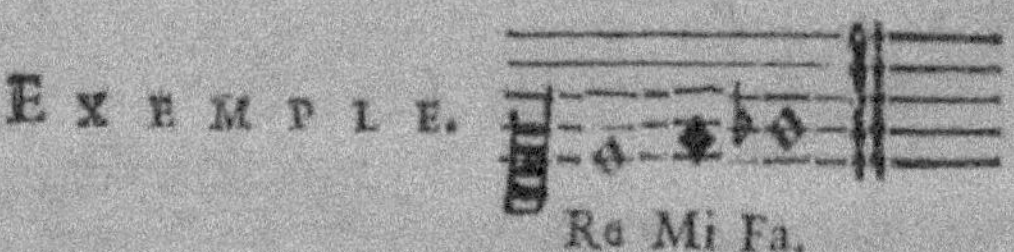

Le second caractere qui est le Diéze, fait ainsi ✕, étant mis prés de la note qui termine une Tierce en montant, d'une Tierce mineure composée d'un ton & demi, en fera une majeure composée de deux, puisque son effet est de hausser d'un demi-ton la note prés de laquelle il se trouve.

EXEMPLE.

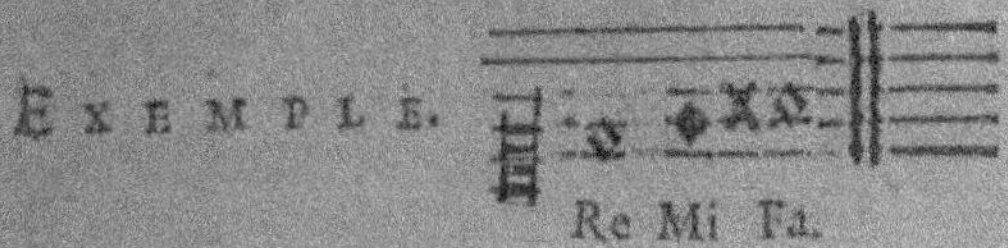

E X E M P L E.

La Tierce du *ré*, qui est le *fa*, est naturellement mineure, puisqu'elle n'est composée que d'un ton & demi; mais si dans le *fa* qui termine la Tierce, il s'y trouve un Diéze, cette Tierce étant augmentée d'un demi-ton, & se trouvant composée de deux tons, devient majeure & semblable à la naturelle.

E X E M P L E.

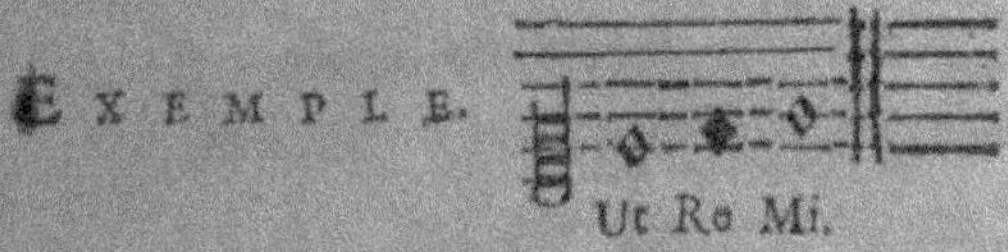

Et comme nous sommes persuadez que celle-cy est la plus naturelle & la plus aisée à entonner de toutes les Tierces majeures, c'est d'elle dont il se faut servir, & supposer ce *ré*, un *ut*.

E X E M P L E.

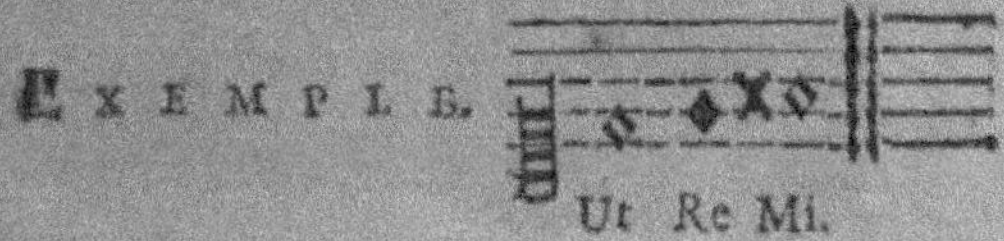

On peut connoître, comme nous l'avons déja dit, la modulation d'une piece de Musique par la Tierce de la derniere note qui la finit, suivant les Exemples qu'on trouvera cy-aprés.

Si c'est la Clef de C *sol ut*, ce sera toûjours un *ut* sur la ligne où elle sera posée.

E X E M P L E.

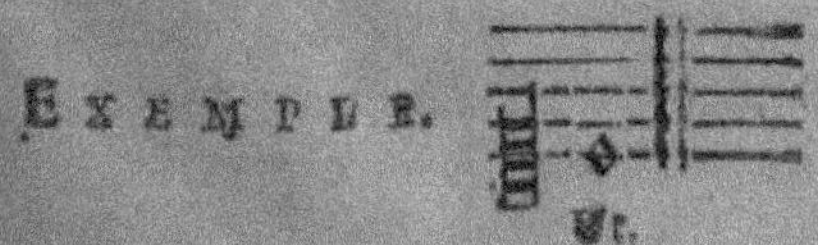

Si c'eſt la clef de G *re ſol*, ce ſera toûjours un *ſol.*

E X E M P L E. 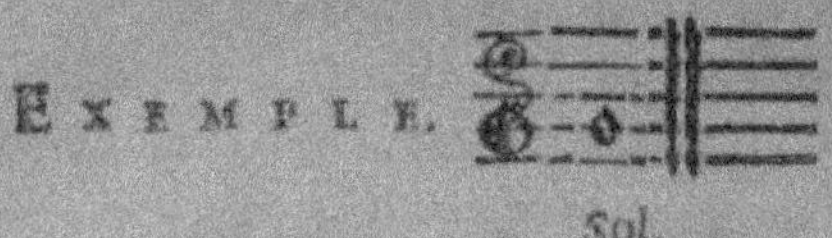

Sol.

Si c'eſt la clef d'*F ut ſa*, ce ſera toûjours un *fa.*

E X E M P L E. 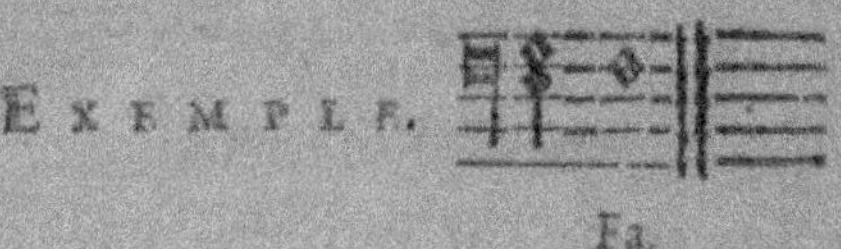

Fa.

Car pour ſçavoir ſur quelle corde de la Gamme eſt travaillée une piece de Muſique, il faut connoître la derniere note par le ſecours de la Clef toute ſimple, comme ſi elle étoit ſeule, ſans avoir égard aux Diézes ou Bemols qui ſont aprés elle, que lorſqu'on en veut connoître la Tierce.

Pour ſçavoir ſur quelle corde ou ton eſt travaillé l'Air ſuivant, & qu'elle en eſt la Tierce, comme c'eſt la derniere note qui en décide, il s'agit de la connoître auſſi bien que ſa Tierce.

E X E M P L E.

Ut.

On connoît par le ſecours de la Clef, que la derniere note eſt un *ut*, que ſa Tierce qui eſt le *mi*, ſeroit majeure ſans accident, puiſqu'elle eſt naturellement compoſée de deux tons, & que ce ſe-

roit celle que nous appellons naturelle ; mais les
Bemols qui font prés la Clef, donnant lieu de se
meffier qu'elle ne foit changée, puifque, fi c'étoit la
Tierce naturelle de l'*ut*, il ne fe trouveroit rien aprés
la Clef, & l'Air fe trouveroit écrit ainfi.

E X E M P L E. 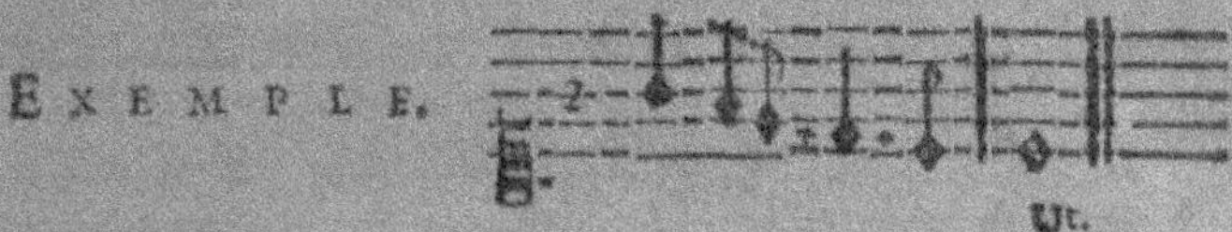

Mais puifqu'il fe trouve écrit avec des Bemols, il
faut remarquer que la Tierce de l'*ut* qui finit l'Air eft
un *mi*, & fuivre cette corde du *mi* jufqu'à la Clef,
prés de laquelle on trouve un Bemol fur cette corde
qui l'a baiffé d'un demi-ton, cette Tierce qui fans
cet accident eût été majeure, devient pour lors mineure, puifqu'elle n'eft plus compofée que d'un ton
& demi ; & comme nous ne connoiffons point de
Tierce mineure plus naturelle que celle du *ré*, nous
fuppofons cet *ut* qui finit l'Air, un *ré* ; mais ce changement n'étant que pour faciliter l'exécution du chant,
n'empêchera pas qu'on appelle cet Air travaillé fur
l'*ut* Tierce mineure, ou pour fe fervir du terme Mu-
ficien, *C. fol ut.* tierce mineure.

E X E M P L E. 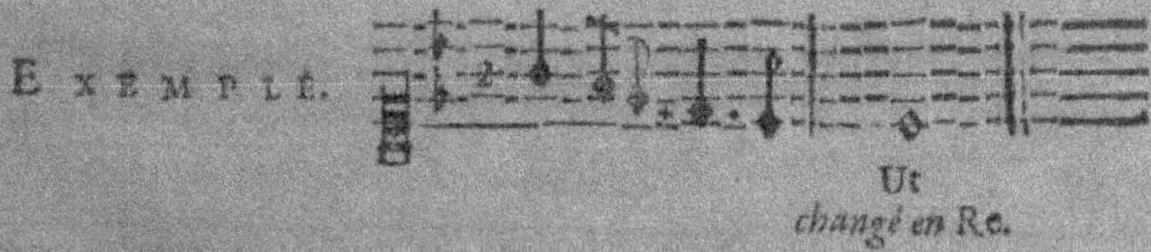

Les Diézes ou les Bemols aprés la Clef, ne figni-
fient donc autre chofe, finon que la Tierce de la
derniere note n'eft pas naturelle, toute l'application
ne confifte qu'à la connoître, & la changer en la
naturelle à qui elle reffemble.

Nous venons de voir l'effet que caufe le Bemol
dans la Tierce de la derniere note d'un Air ;

voyons préfentement celuy que caufe le Diéze.

Re
changé en Ut.

On connoît par le fecours de la Clef, que la derniere note de cet Air eft un *ré*, que fa Tierce, fans accident n'étant compofée que d'un ton & demi, feroit mineure, que ce feroit même celle qu'on regarde comme naturelle ; mais les Diézes qui font aprés la Clef donnant lieu de fe meffier que cette Tierce toute naturelle qu'elle paroît, ne foit changée, obligent d'examiner la Tierce de cette derniere note, qui eft le *fa*, dans lequel il fe trouve un Diéze aprés la Clef, qui de mineure qu'elle eût été, la rend majeure, puifqu'il l'augmente d'un demi-ton, & ne connoiffant point de Tierce majeure plus naturelle que celle de l'*ut*, il faut fuppofer ce *ré*, qui finit l'Air, un *Ut*.

Et malgré ce changement de *ré* en *ut*, on ne laiffera pas de dire que cet Air eft travaillé fur le *ré*, *tierce majeure*, ou *D la ré*, *tierce majeure*, on fe contentera de le fçavoir, & de le chanter fous le nom d'*ut*.

Je fçay qu'il eft indifferent à ceux qui joüent des inftruments, de faire cette fuppofition, leur étant tres-aifé de faire les Diézes & les Bemols fur les cordes où ils font marquez, en allongeant plus ou moins les doigts fi c'eft fur un inftrument à cordes ; & fi c'eft fur un claveffin, les demi-tons, autrement dits les Diézes & les Bemols, étants marquez par les touches blanches & noires, en rendent toûjours l'execution plus aisé qu'à la voix, qui s'est accoutumée dés les Principes à solfier par un chemin naturel.

Comme.

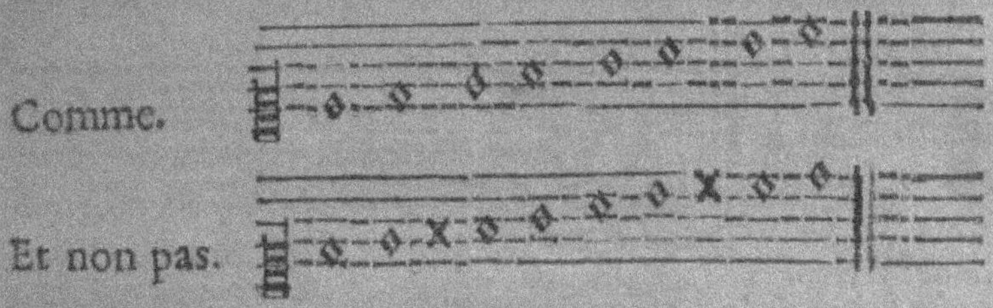

Et non pas.

Qui bien que ce soit le même chant, est incomparablement plus difficile à entonner, sur tout pour ceux qui n'ont pas une grande pratique, aussi bien

que

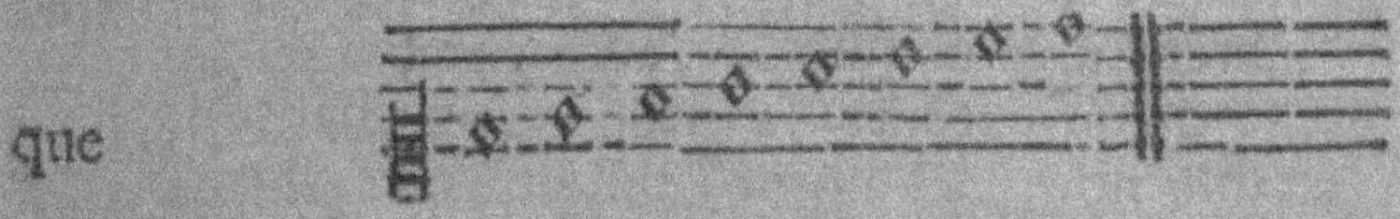

Qui de même est plus aisé à entonner

que

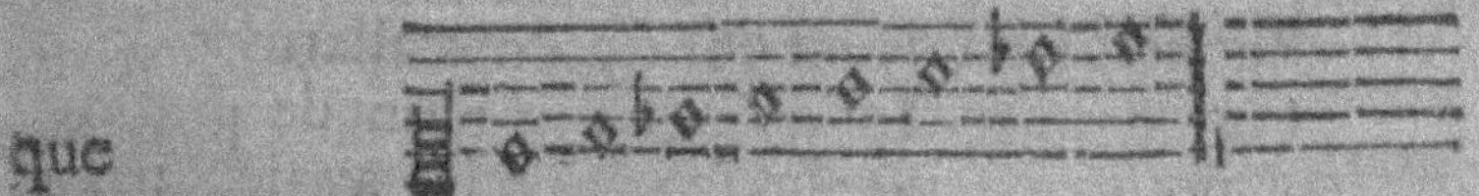

On pourra m'objecter, que si l'on accoûtumoit ceux qui commencent la Musique, à solfier les notes telles qu'elles sont écrites, en faisant les Diézes & les Bemols à mesure qu'on les rencontreroit, qu'on en pourroit prendre la pratique, & par conséquent on n'auroit pas besoin de transposer : je répondray à cela, qu'il ne seroit pas impossible d'y parvenir ; avec cette difference qu'on ne chantera jamais bien juste sans le secours d'un instrument, & que l'on sera deux ans à aprendre ce qu'on aprendra dans six mois par le chemin naturel. Il est donc inutile de nous proposer cette derniere maniere, comme n'étant sujette à aucun changement, puisque le bien qu'il en peut resulter n'égale pas la peine extrême qu'il se faut donner pendant un

tems confiderable , & fans efperance quelquefois de
réüffir parfaitement , dautant qu'elle ne nous foulage
en rien , puifqu'elle ne peut nous difpenfer des fept
differentes pofitions de clefs que voicy.

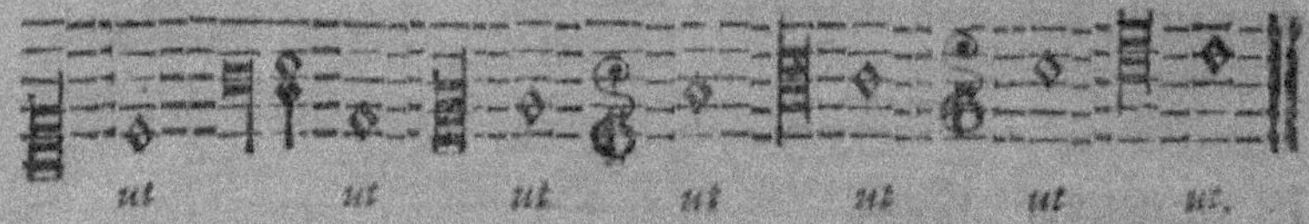

De deux chemins pour aller à un même endroit , le
plus court & le plus beau étant à preferer au plus long
& au plus difficile , on ne doit pas héfiter à fe fervir de
la maniere de tranfpofer , dautant qu'il doit être fort
indifferent à celui qui nous accompagne d'un inftrument , qu'on execute la piéce qu'on chante fous le
veritable nom des notes , telle qu'elle eft écrite , ou
fous un nom fupofé , pourvú qu'on dife le même
chant.

Les Ecoliers ne doivent donc point s'allarmer de la
tranfpofition qu'autant qu'ils n'ont point de pratique
des fept pofitions ci-deffus ; car s'ils les avoient prati-
quées en particulier , ils verroient bien que la tranfpofition n'eft rien pour celui qui chante ; puifque quelque
chargée de Diézes qu'elle puiffe être , après qu'on l'a
réduite au naturel , on ne fçauroit abfolument tomber
que dans une de ces fept pofitions.

Il eft bon d'obferver avec foin , que ces deux caracteres Bemol ♭ & Diézes ✳ , qui par leurs differens effets
caufent tous les incidens de la tranfpofition , lorfqu'ils
fe trouvent fur les cordes qui terminent les tierces , font
le même effet fur celles qui les commencent , ou pour
mieux dire , qui leur fervent de baze : je fupofe un Air
dont voici la derniere note.

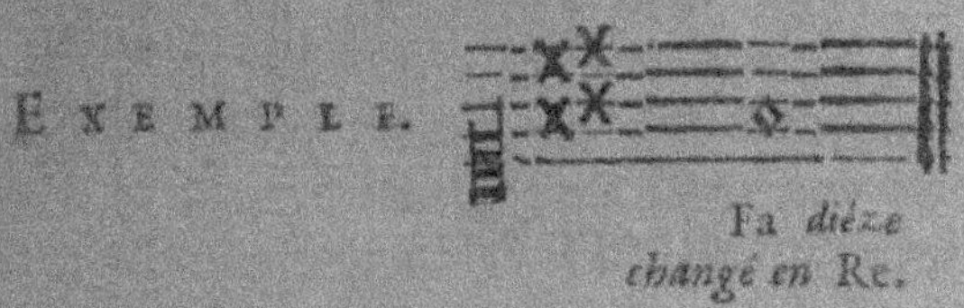

Fa *diéze*
changé en Re.

Cette derniere note par rapport à la clef toute simple, est un *fa*, la tierce de ce *fa* est le *la*; cette tierce
composée de deux tons s'apelle majeure: mais si l'on
suit cette corde du *fa* jusques prés la clef, on y trouvera
un Diéze. Du *fa* diéze au *sol* il n'y a qu'un demi-ton,
& du *sol* au *la* un ton; cette tierce n'est plus composée
que d'un ton & demi, & par conséquent mineure,
mais nous n'avons point de tierce mineure plus naturelle que celle du *re*; c'est pourquoi il faut changer ce
fa qui finit l'Air en *re*, & ce changement n'étant que
pour faciliter l'execution du chant, n'empêchera pas
qu'on n'apelle cette piece travaillée sur le *fa* diéze tierce mineure: donc tous les Diézes deviennent inutiles
pour celui qui chante, aprés ce changement du *fa*
en *re*.

Cette maniere de transposer par la modulation, doit
paroître plus sçavante & plus sûre que celle dont se
servent plusieurs personnes, qui se contentent de suposer le dernier diéze un *si*, & le dernier Bemol un *fa*: on
doit déja employer beaucoup de tems à découvrir le
dernier diéze qu'on cherche, ou le dernier Bemol, sur
tout lorsqu'ils sont mis à l'octave les uns des autres: ce
qui en fait quelquefois paroître six lorsqu'il n'y en faut
que quatre, ou pour mieux dire, qu'il n'y en a que quatre qui portent.

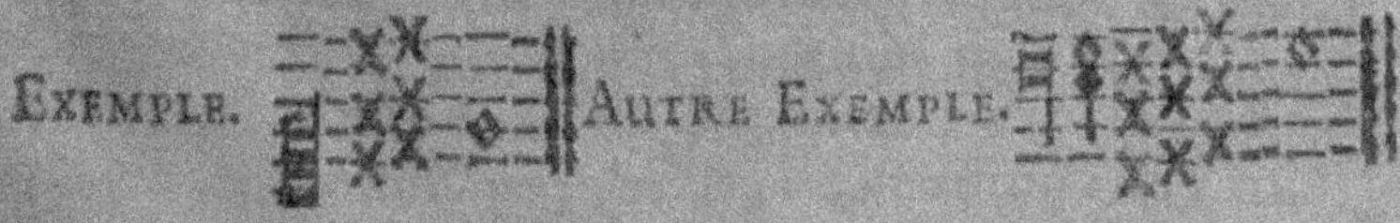

Dans le premier exemple il paroît six Diézes à la clef, & cependant il n'y en a que quatre qui portent : dans le second exemple il en paroît neuf à la clef, & cependant il n'y en a que six qui portent.

Il me paroît embarassant pour un Ecolier de pouvoir découvrir dans cette quantité quel est le Diéze qu'il cherche ; la même peine se doit rencontrer dans les Bemols, je supose pourtant qu'on puisse acquerir promptement cette pratique, du moins on se trouvera toûjours embarassé s'il manque seulement un de ces Diézes à la clef ; car en ce cas, ce secret de transposer devient presque inutile ; puisqu'il se rencontre souvent, que ce dernier qu'on cherche, soit Diéze, soit Bemol, est un de ceux qu'on a negligé de mettre prés la clef : ce qui suffit pour rendre le chant difficile, & qu'on peut apeller irregulierement écrit : enfin quand cette maniere pourroit avoir quelque usage, je trouve qu'un Ecolier travaille toûjours sans sçavoir ce qu'il fait ; & lorsque j'ay voulu m'en servir, j'en ay trouvé qui étoient bien aises d'être éclaircis de cette suposition : c'est ce qui m'a engagé à traiter de celle-ci, & d'essayer de la mettre en usage, comme preferable à toutes les autres.

Cette maniere de transposer par la modulation donne beaucoup de connoissance dans la théorie & dans la pratique des transpositions, puisqu'elle accoûtume insensiblement à la distinction des tons & demi-tons, aux tierces majeures & mineures, au terme de la modulation, aux tons & demi-tons sur lesquels on peut travailler, & enfin à se rendre tous les termes de Musique familiers ; en sorte qu'on ne puisse rien trouver de nouveau dans la maniere de s'expliquer des meilleurs Praticiens de Musique.

Le Bemol cause le même incident que le Diéze sur la note qui commence la tierce, ou comme j'ay déja dit, qui lui sert de baze ; avec cette difference, que

le Diéze mis fur la corde ou note qui commence la
tierce, de majeure qu'elle feroit, la rend mineure; le
Bemol au contraire mis fur la note qui commence la
tierce, de mineure qu'elle feroit, la rend majeure.

E X E M P L E.   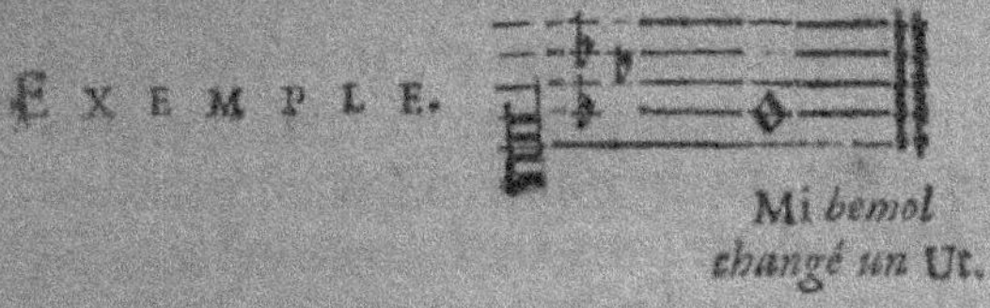

Mi bemol
changé un Ut.

On connoît par le fecours de la clef, fans avoir da-
bord égard aux Bemols, que cette derniere note eft un
mi, que la tierce du *mi* qui eft le *fol* n'étant compofée
que d'un ton & demi, eft mineure; mais fi l'on veut
fuivre cette corde du *mi* jufques prés la clef, on y trouvera un Bemol; l'effet du Bemol étant de baiffer la corde ou note fur laquelle il eft, d'un demi ton, on
trouvera que du *mi* Bemol au *fa* il y a un ton, &
que du *fa* au *fol* il y a encore un ton : cette tierce compofée de deux tons s'appelle majeure; mais nous ne
connoiffons point de tierce majeure plus naturelle que
celle de l'*ut*; c'eft pourquoy il faut changer ce *mi* bemol qui finit l'Air en *ut*, & ce changement de *mi* bemol
en *ut* n'étant que pour en faciliter le chant, n'empé-
chera pas qu'on apelle cet Air travaillé fur le *mi bemol
tierce majeure*, ou *E fi mi bemol tierce majeure* : donc les
trois bemols qui font à la clef deviennent inutiles aprés
ce changement.

Il faut non feulement examiner avec foin, s'il n'y a
point de Bemol ou de Diéze fur la corde où eft pofée
la derniere note de l'Air, mais encore dans fa tierce;
car il fe trouve des modulations écrites de cette
maniere.

E X E M P L E.

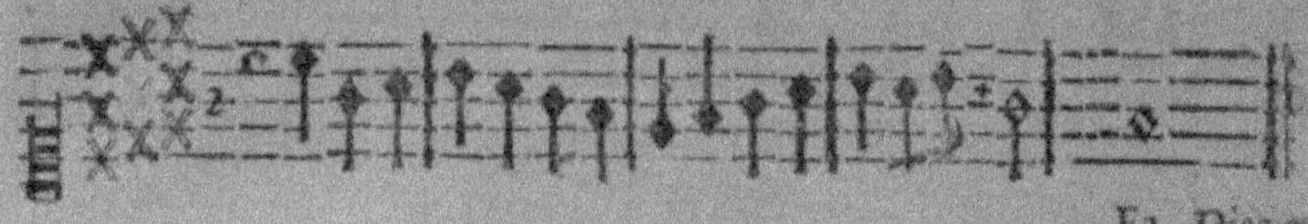

Fa Diéze
changé en Ut.

On connoît par le secours de la clef toute simple, que la derniere note de cet Air est un *fa*; que sa tierce qui est le *la* étant composée de deux tons, est majeure : il faut examiner si la quantité des Diézes qui se trouvent aprés la clef ne causera point de changement à cette tierce; si l'on suit la corde de cette derniere note jusques prés la clef, on y trouvera un Diéze, on en trouvera aussi un sur la corde du *sol*, & un sur la corde du *la*. Du *fa* diéze au *sol* diéze il y a un ton, du *sol* diéze au *la* diéze il y a encore un ton, cette tierce composée de deux tons reste toûjours majeure; mais nous n'avons point de tierce majeure plus naturelle que celle de l'*ut*, c'est pourquoy il faut changer ce *fa* diéze en *ut*, & quoiqu'il y ait six Diézes aprés la clef, ils deviennent tous inutiles aprés ce changement : on ne laissera pas cependant d'apeller cette piéce de Musique travaillée sur le *fa diéze tierce majeure*, ou *F ut fa diéze tierce majeure*.

Le même incident se peut rencontrer aux Bemols, on s'en peut tirer avec le même soin.

E X E M P L E.

On connoît par le secours de la clef toute simple, que la derniere note de cet Air est un *mi*, que non seulement sur la corde du *mi* prés le clef il y a un Bemol, mais qu'il y en a encor un dans sa tierce qui est le *sol*. Du *mi* bemol au *fa* il y a un ton, du *fa* au *sol* bemol il n'y a qu'un demi-ton ; cette tierce n'étant composée que d'un ton & demi, est mineure ; mais nous ne connoissons point de tierce mineure plus naturelle que celle du *re*, c'est pourquoi il faut changer ce *mi* bemol en *re* ; ce changement n'étant que pour faciliter l'execution du chant, n'empêchera pas qu'on n'appelle cette piece travaillée sur le *mi bemol tierce mineure*, ou *E si mi bemol tierce mineure*.

Voilà la maniere la plus sûre pour reduire au naturel toute sorte de Musique transposée, lorsqu'elle est regulierement écrite, tant sur les tons qui sont en usage, que sur ceux qu'on apelle les demi-tons, sur lesquels on ne travaille pas si communement, mais dont on se peut aisément tirer, en changeant la derniere note d'une piece, dont la modulation est majeure, en *ut*, & la derniere note d'une piece, dont la modulation est mineure, en *re* : toute l'aplication ne consiste donc qu'à pouvoir connoître la tierce de la derniere note de quelque piece qu'on nous puisse donner, & la changer dans une naturelle, si elle ne l'est pas.

Si toute la Musique transposée étoit toûjours regulierement écrite, c'est à dire si tous les Bemols & les Diézes necessaires dans chaque modulation étoient mis prés la clef dans leur juste quantité, on n'auroit pas besoin d'autre secours que de celui que je viens d'expliquer: mais la maniere d'écrire de ceux qui composent, nous jette quelquefois dans des difficultez qu'on ne peut gueres surmonter, que par les secours qu'on trouvera ci-aprés.

SECONDE PARTIE.

Pratique des Transpositions irregulierement écrites, avec la maniere d'en surmonter les difficultez.

'APELLE Transposition regulierement écrite, celle dont tous les Diezes ou Bemols qui lui sont necessaires, sont exactement mis aprés la clef dans leur situation & juste quantité.

J'apelle Transposition irregulierement écrite, celle dont tous les Diezes ou Bemols qui lui sont necessaires, ne sont pas mis exactement prés la clef dans leur situation & juste quantité; on en trouve souvent non seulement dans la Musique Italienne, mais aussi dans la Françoise.

On en jugera par les exemples qu'on trouvera ci-aprés, & dans lesquels, pour mieux justifier ce que j'avance, on trouvera plusieurs pieces tirées des Opera.

Je n'ay trouvé d'autre secret pour surmonter les difficultez que cause la transposition irregulierement écrite, que d'apprendre & se mettre dans la memoire tous les tons & demi-tons sur lesquels on peut travailler des pieces de Musique; & les Diezes ou Bemols qui sont necessaires à chacun en particulier, c'est à dire la juste quantité qui doit être aprés la clef dans chacun de ces tons : j'en fais ici un détail qu'on trouvera dans un ordre si suivi, qu'il sera trés-aisé de se les mettre dans la memoire.

Pour en faciliter la connoissance, voilà l'ordre que je me suis proposé de suivre.

Je commence par les six modulations majeures qui doivent être écrites avec leur juste quantité de Diezes.

J'explique la maniere d'en retenir le nom par cœur.

Je mets ensuite en pararelle avec elles les six modulations mineures qui leur ressemblent par la même quantité de Diezes aprés la clef.

J'explique de même la maniere d'en retenir le nom par cœur.

Je passe ensuite aux six modulations mineures écrites avec leur juste quantité de Bemols aprés la clef.

J'explique la maniere d'en retenir le nom par cœur.

Je mets ensuite en pararelle avec elles les six modulations majeures qui leur ressemblent, par la même quantité de Bemols aprés la clef.

J'explique de même la maniere d'en retenir le nom par cœur.

Il est necessaire de sçavoir, que la plus forte transposition écrite avec des Diezes ne peut exceder le nombre de six.

Que la plus simple n'en demande qu'un, qui se met sur le *fa*.

La seconde en demande deux.
La troisiéme en demande trois.
La quatriéme en demande quatre.
La cinquiéme en demande cinq.
La sixiéme en demande six.

Situation des Diézes dans leur ordre naturel.

POur retenir la situation de ces Diezes par cœur, il n'y a qu'à se mettre dans la memoire, qu'ils se posent tous au cinquiéme degré les uns des autres en

montant, c'est à dire à la quinte ; de maniere que lorfqu'on voudra fe fouvenir de la corde où fe pofe le fe-
cond Dieze d'une modulation qui en demande deux,
fi l'on a retenu que le premier fe met fur le *fa*, on n'a
qu'à chercher dans fa memoire la quinte de ce *fa* en
montant, on trouvera que c'est l'*ut*.

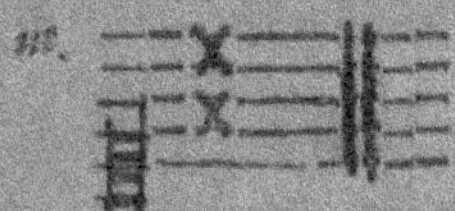

Si l'on veut fçavoir où fe pofe le troifiéme Dieze
d'une modulation qui en demande trois, on n'a qu'à
chercher la quinte de cet *ut*, on trouvera que c'est
le *fol*.

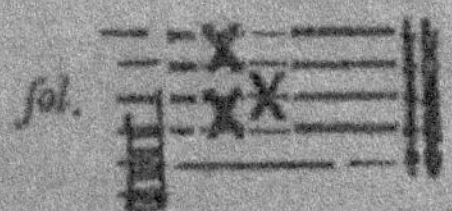

Si l'on veut fçavoir où fe pofe le quatriéme Dieze
d'une modulation qui en demande quatre, on n'a qu'à
chercher la quinte de ce *fol*, on trouvera que c'est
le *re*.

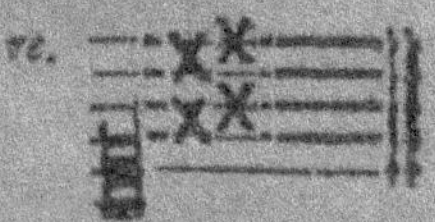

Si l'on veut fçavoir où fe pofe le cinquiéme Dieze
d'une modulation qui en demande cinq, on n'a qu'à
chercher la quinte de ce *re*, on trouvera que c'est
le *la*.

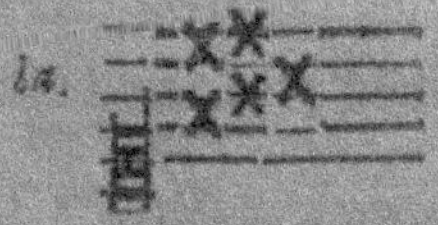

Enfin fi l'on veut fçavoir où fe pofe le fixiéme
Dieze d'une modulation qui en demande fix, on n'a

qu'à chercher la quinte de ce *la*, on trouvera que c'est
le *mi*.

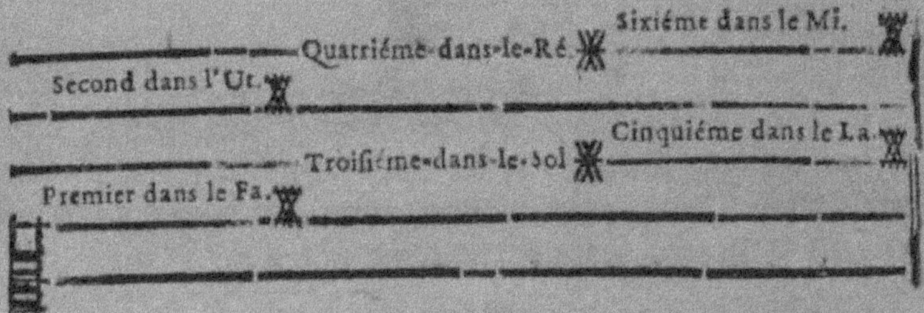

Et cela à toutes sortes de positions de clef.

Je supose qu'on se soit mis dans la memoire la situation & la quantité de ces Diezes, il ne restera plus que
de retenir le nom des modulations qui en demandent
plus les unes que les autres, & c'est ce que je vais de-
montrer.

Je commence par les six modulations majeures.

La plus simple & que je compte pour la premiere,
afin de pouvoir s'en faire un ordre suivi qu'on puisse retenir par cœur, s'apelle le *sol tierce majeure*, qui aprés
la clef en demande un.

EXEMPLE.
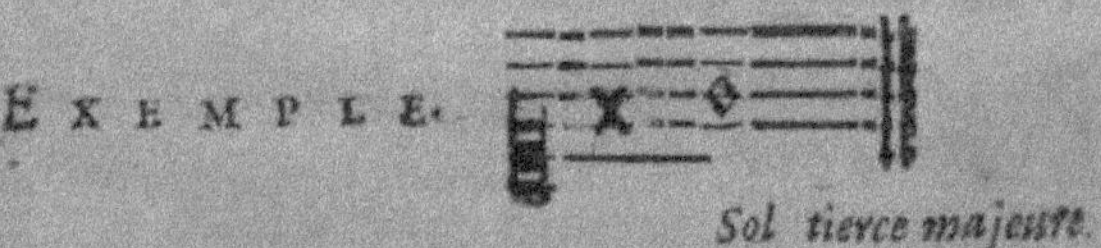

Sol tierce majeure.

Si l'on veut retenir aisément le nom des autres modulations majeures qui suivent celle-là, lesquelles aug-
mentent successivement de Diezes jusqu'à la plus forte : on n'a qu'à se les mettre dans la memoire dela même maniere qu'on a retenu la situation des Diezes, c'est
à dire au cinquiéme degré les unes des autres ; de maniere

niere que si l'on veut retenir par cœur quelle est la seconde transposition majeure, écrite avec deux Diezes,
si l'on se souvient que la premiere est le *sol tierce majeu-*
re, on n'a qu'à chercher la quinte de ce *sol*, on trouvera
que c'est le *re tierce majeure.*

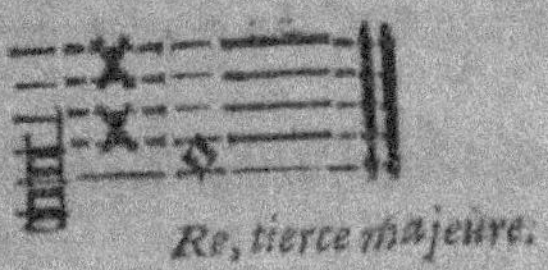

Re, tierce majeure.

Si l'on veut sçavoir quelle est la troisiéme, qui s'écrit
avec trois Diezes ; on n'a qu'à chercher la quinte de ce
re, on trouvera que c'est le *la tierce majeure.*

La, tierce majeure.

Si l'on veut sçavoir le nom de la quatriéme, qui s'é-
crit avec quatre Diezes, on n'a qu'à chercher la quinte
de ce *la*, on trouvera que c'est le *mi tierce majeure.*

Mi, tierce majeure.

Si l'on veut sçavoir le nom de la cinquiéme, qui s'écrit
avec cinq Diezes, on n'a qu'à chercher la quinte de ce
mi, on trouvera que c'est le *si tierce majeure.*

Si, tierce majeure.

Si l'on veut sçavoir quelle est la sixiéme, qui s'écrit

avec six Diezes , on n'a qu'à chercher la quinte de ce
si, on trouvera que c'est le *fa dieze tierce majeure.*

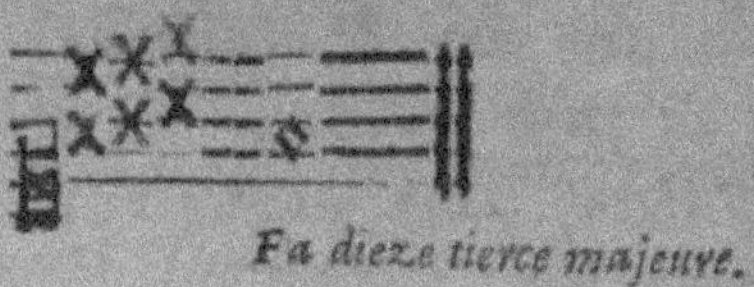

Fa dieze tierce majeure.

*Exemple des six Modulations majeures , écrites avec
la juste quantité de Diezes qui leur est necessaire,
pour pouvoir changer la derniere note en* Ut.

Nous avons avec cela six Modulations mineures,
qu'on peut comparer à celles-cy, par la même quantité
de Diezes qu'elles demandent aprés la clef ; on en peut
retenir aisément le nom par cœur, en les prenant de
même au cinquiéme degré les unes des autres : lorsqu'on sera persuadé que la premiere est le *la tierce
mineure,* on n'aura pas de peine à trouver les autres.

Exemple des six Modulations mineures, écrites avec la juste quantité de Diezes qui leur est neceffaire, pour pouvoir changer la derniere Note en Re.

Voilà toutes les modulations majeures & mineures, écrites avec la juste quantité de Diezes qui leur est neceffaire en particulier, pour pouvoir changer la derniere note des modulations majeures en *ut*, & la derniere note des modulations mineures en *re*.

Si le détail que je viens de faire paroît encore embaraffant pour la memoire, on peut en tirer un précis ; en regardant fimplement qu'il y a douze Modulations qui s'écrivent avec des Diezes.

Que de ces douze il y en a fix majeures : la premiere de ces fix qui fe trouve la plus fimple, eft le *fol*, qui ne s'écrit qu'avec un Dieze.

La deuxiéme eft le *re*, avec deux Diezes.

La troifiéme eft le *la*, avec trois.

La quatriéme est le *mi*, avec quatre.
La cinquiéme est le *si*, avec cinq.
La sixiéme est le *fa dieze*, avec six.

Précis des *six Modulations majeures.*

Sol,	*Re*,	*La*,
avec un Dieze.	avec deux.	avec trois.

Mi,	*Si*,	*Fa* 𝕏,
avec quatre.	avec cinq.	avec six.

La premiere & la plus simple des six Modulations mineures est le *la*, qui doit s'écrire avec un Dieze.
La deuxiéme est le   *mi*,   avec deux.
La troisiéme est le   *si*,   avec trois.
La quatriéme est le   *fa dieze*,   avec quatre.
La cinquiéme est l'   *ut dieze*,   avec cinq.
La sixiéme est le   *sol dieze*,   avec six.

Précis des *six Modulations mineures.*

La,	*Mi*,	*Si*,
avec un Dieze.	avec deux.	avec trois

Fa 𝕏,	*Ut* 𝕏,	*Sol* 𝕏,
avec quatre.	avec cinq.	avec six.

Passons présentement aux Modulations mineures & majeures qui s'écrivent avec des Bemols, pour sçavoir la juste quantité necessaire à chacune en particulier, & pour en faire l'usage necessaire dans la transposition irregulierement écrite, telle qu'on trouvera ci-aprés.

La plus forte transposition écrite avec des Bemols, ne doit pas exceder le nombre de six, non plus que celles qui sont écrites avec des Diezes, & qui se mettent aussi dans un pareil ordre prés la clef ; avec cette difference, que pour retenir la situation des Diezes par cœur, nous les avons regardé au cinquiéme degré, autrement dit, à la quinte, les Bemols ne se doivent regarder qu'au quatriéme degré, autrement dit, à la quarte.

Situation des Bemols dans leur ordre naturel.

Le premier Bemol de la plus simple transposition, se met dans le *si*.

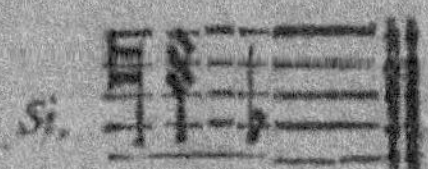

Il n'est pas difficile de retenir la situation des autres, en les cherchant au quatriéme degré.

Si l'on veut sçavoir où se pose le second Bemol d'une modulation qui en demande deux, on n'a qu'à chercher la quarte du *si*, on trouvera que c'est le *mi*.

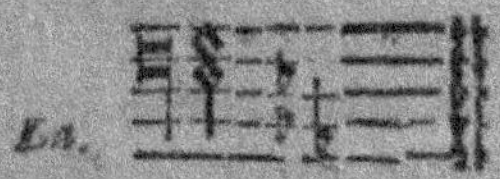

Si l'on veut sçavoir sur quelle corde se pose le troisié-me Bemol d'une modulation qui en demande trois, on n'a qu'à chercher la quarte de ce *mi*, on trouvera que c'est le *la*.

Si l'on veut sçavoir sur quelle corde se pose le quatriéme Bemol d'une modulation qui en demande quatre, on n'a qu'à chercher la quarte de ce *la*, on trouvera que c'est le *re*.

Si l'on veut sçavoir sur quelle corde se pose le cinquiéme Bemol d'une modulation qui en demande
cinq, on n'a qu'à chercher la quarte de ce *re*, on trouvera que c'est le *sol*.

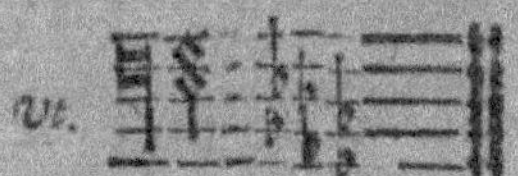

Enfin si l'on veut sçavoir sur quelle corde se pose le
sixiéme Bemol d'une modulation qui en demande six,
quoique peu d'usage, on n'a qu'à chercher la quarte de
ce *sol*, on trouvera que c'est l'*ut*.

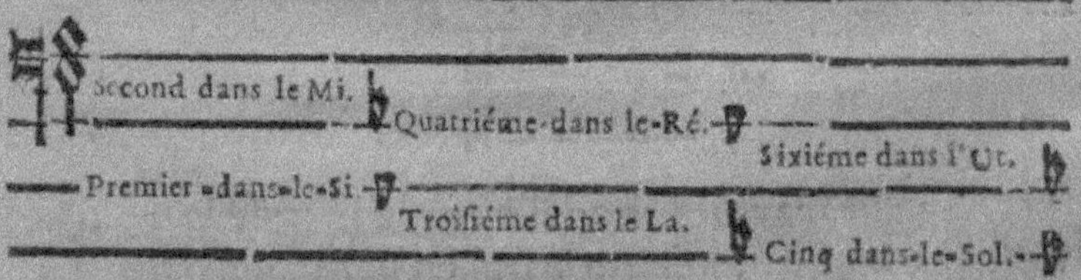

Il ne reste plus que de sçavoir & retenir par cœur le
nom des modulations qui en demandent plus ou
moins les unes que les autres : on les peut retenir
dans le même ordre que celles écrites avec des
Diezes, en faisant cette différence, que pour en

retenir le nom par cœur, nous les avons regardé au cinquiéme degré les unes des autres, nous regarderons celles-ci au quatriéme degré, autrement dit, à la quarte.

La plus simple qui ne s'écrit qu'avec un Bemol, s'appelle le *sol tierce mineure*, ou *G re sol tierce mineure*.

Sol, tierce mineure.

Si l'on veut sçavoir quelle est la seconde, qui s'écrit avec deux Bemols, on n'a qu'à chercher la quarte de ce *sol*, on trouvera que c'est l'*ut tierce mineure*, ou *C sol ut tierce mineure*.

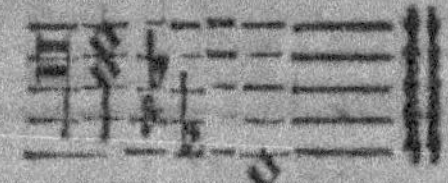

Ut, tierce mineure.

Si l'on veut sçavoir quelle est la troisiéme, qui s'écrit avec trois Bemols, on n'a qu'à chercher la quarte de cet *ut*, on trouvera que c'est le *fa tierce mineure*, ou *F ut fa tierce mineure*.

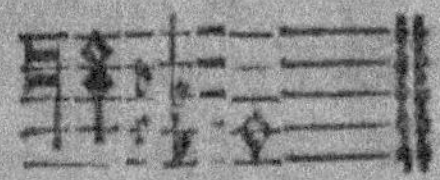

Fa, tierce mineure.

Si l'on veut sçavoir quelle est la quatriéme, qui s'écrit avec quatre Bemols, on n'a qu'à chercher la quarte de ce *la*, on trouvera que c'est le *si bemol tierce mineure*, ou *B fa si bemol tierce mineure*.

Si bemol, tierce mineure.

Si l'on veut sçavoir quelle est la cinquiéme, qui s'écrit avec cinq Bemols, on n'a qu'à chercher la quarte de ce *si*, on trouvera que c'est le *mi bemol tierce mineure*, ou *E si mi bemol tierce mineure*.

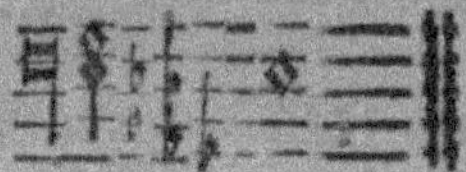

Mi, bemol tierce mineure.

Si l'on veut sçavoir quelle est la sixiéme, qui s'écrit avec six Bemols, on n'a qu'à chercher la quarte de ce *mi*, on trouvera que c'est le *la bemol tierce mineure*, ou *A mi la bemol tierce mineure*.

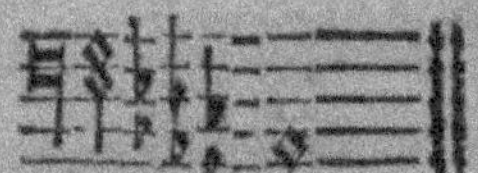

La, bemol tierce mineure.

Exemple des six Modulations mineures, écrites avec leur juste quantité de Bemols.

Nous avons avec cela six modulations majeures, qu'on peut comparer à celles-ci, par la même quantité de Bemols qui leur sont necessaires prés la clef, qu'on peut de même retenir par cœur, en les regardant au quatriéme degré les unes des autres, autrement dit, à la quarte.

Exemple des six Modulations majeures écrites avec leur juste quantité de Bemols.

Il est aisé de retenir le nom de ces six modulations majeures; puisque si l'on est persuadé que la premiere &

la plus simple est le *fa tierce majeure*, pour sçavoir
quelle est la seconde, on n'a qu'à chercher la quarte de
ce *fa*, on trouvera que c'est le *si bemol tierce majeure*, ou
B fa si bemol tierce majeure, & ainsi des autres, en les
prenant au quatriéme degré, en montant.

En cas que ce détail paroisse encore embarassant pour
la memoire, on peut s'en faire un précis, de même
qu'aux modulations écrites avec des Diezes, en regardant simplement qu'il y a douze modulations écrites
avec des Bemols, desquelles il y en a six mineures, dont
la premiere & la plus simple est le *sol*, qui ne s'écrit
qu'avec un Dieze.

La deuxiéme est l'	*ut*,	avec deux.
La troisiéme est le	*fa*,	avec trois.
La quatriéme est le	*si bemol*,	avec quatre.
La cinquiéme est le	*mi bemol*,	avec cinq.
La sixiéme est le	*la bemol*,	avec six.

*Précis des six modulations mineures, avec leur
juste quantité de Bemols.*

Sol,	*Ut,*	*Fa,*
avec un Bemol.	avec deux.	avec trois.
Si ♮,	*Mi ♮,*	*La ♮,*
avec quatre.	avec cinq.	avec six.

La premiere & la plus simple des Modulations majeures, écrites avec des Bemols, est le *fa*, qui ne s'écrit
qu'avec un Bemol.

La deuxiéme est le	*si bemol*,	avec deux.
La troisiéme est le	*mi bemol*,	avec trois.
La quatriéme est le	*la bemol*,	avec quatre.
La cinquiéme est le	*re bemol*,	avec cinq.
La sixiéme est le	*sol bemol*,	avec six.

Précis des six Modulations majeures, écrites avec leur juste quantité de Bemols.

Fa,	*Si ♭,*	*Mi ♭,*
avec un Bemol.	avec deux.	avec trois.
La ♭,	*Re ♭,*	*Sol ♭,*
avec quatre.	avec cinq.	avec six.

Si l'on se peut mettre dans la memoire le nom des Modulations majeures & mineures, écrites avec les Diezes & les Bemols necessaires à chacune en particulier: ce qui ne doit pas paroître difficile dans l'ordre où elles sont ci-aprés, on connoîtra sans peine lorsqu'une piece de Musique sera écrite regulierement, ou non, par la juste quantité de Bemols ou de Diezes qu'on sçaura devoir être attachez prés la clef, dans le ton où elle sera travaillée; & l'on distinguera aisément ceux qui y manqueront, pour y suppléer & en faire l'usage que je vais expliquer.

Les Diezes ou les Bemols oubliez à la clef causent la transposition qu'on appelle irregulierement écrite, & de laquelle on a toûjours beaucoup de peine à se tirer, sans un secours particulier : c'est à quoi je me suis attaché dans ce petit ouvrage que je n'ay pû rendre moins long, par l'obligation où je me suis trouvé de bien expliquer la Modulation, soit naturelle, soit transposée, sans laquelle il eût été difficile de comprendre parfaitement la transposition irregulierement écrite.

Précis general des vingt-quatre Modulations, écrites avec leur juste quantité de Diézes & de Bemols.

Modulations majeures avec leurs Diezes.

Sol,	*Re,*	*La,*
avec un.	avec deux.	avec trois.
Mi,	*Si,*	*Fa* X,
avec quatre.	avec cinq.	avec six.

Modulations mineures avec leurs Diezes.

La,	*Mi,*	*Si,*
avec un.	avec deux.	avec trois.
Fa X,	*Ut* X,	*Sol* X,
avec quatre.	avec cinq.	avec six.

Modulations mineures, avec leurs Bemols.

Sol,	*Ut,*	*Fa,*
avec un.	avec deux.	avec trois.
Si ♭,	*Mi* ♭,	*La* ♭,
avec quatre.	avec cinq.	avec six.

Modulations majeures, avec leurs Bemols.

Fa,	*Si* ♭,	*Mi* ♭,
avec un.	avec deux.	avec trois.
La ♭,	*Re* ♭,	*Sol* ♭,
avec quatre.	avec cinq.	avec six.

EXEMPLE

& pratique des transpositions irregulierement écrites.

Les Modulations mineures, écrites avec des Diezes, sont celles qu'on trouve ordinairement sans la juste quantité qui leur est necessaire, pour pouvoir les reduire au naturel, en changeant la derniere note en *re*, suivant ce que j'ay établi ci-devant pour toutes les modulations mineures : on connoîtra par le détail que j'en ay fait, qu'elles sont au nombre de six, que les quatre premieres sont celles sur lesquelles on travaille plus communement, & qu'on les trouve presque toûjours écrites ainsi.

On connoît aisément que la maniere d'écrire ces modulations, en supposant un *si* dans le dernier Dieze, nous jette dans la necessité de les solfier sur le pied du *La tierce mineure*, qu'on sçait n'être pas si naturel que le *Re*, pour les pouvoir reduire au naturel, & changer la derniere note en *re* : il faudroit qu'elles fussent écrites avec un Dieze de plus dans chacune, telles que les voici.

E X E M P L E.

La
changé en Ré.

Mi
changé en Ré.

Si
changé en Re.

Fa dieze
changé en Re.

& ainsi des autres.

Ceux qui seront plus avancez dans la pratique des sons, auront peut être peine à consentir que je veuille ajouter ce Dieze dans chacune de ces modulations, & m'opposeront que la sixte des modulations mineures étant mineure, ce Dieze peut n'être pas necessaire : mais comme tous les Ecoliers ne sont pas au même degré de pratique, il s'en trouvera beaucoup qui seront bien-aises de trouver un chemin, pour pouvoir surmonter les difficultez que cause cette modulation du *la*, *tierce mineure*, puisqu'on y rencontre assez communement le *fa* & le *re dieze*, lesquelles cordes n'étant pas bien familieres aux Ecoliers, peuvent souvent les arrêter : c'est pourquoi j'espere que ceux qui connoîtront le bien qui resulte de ce changement de *la* en *re*, en

ajoutant le Dieze que je propofe , ne s'attacheront
point à la vaine circonftance d'obferver, que la fixte
des tons mineurs doit être auffi mineure , & qu'ils souf-
friront fans peine ce Dieze, puifque c'eft à lui qu'on a
toute l'obligation de la facilité qu'on trouve à l'execution du Chant, d'autant plus que fi l'on vouloit abfolument nous obliger d'écrire ces modulations mineures
fans ce Dieze , par la feule raifon que la fixte des modulations mineures doit être mineure, il faudroit par la
même raifon ajouter un Bemol dans les modulations
mineures, écrites avec des Bemols, pour en rendre la fixte mineure ; ce qui ôteroit la facilité d'en pouvoir changer la derniere note en *re* , & par confequent rendroit
ce Chant d'une plus difficile execution.

Modulations mineures aufquelles on feroit obligé
d'ajouter un Bemol , fi l'on vouloit s'attacher à
les écrire en marquant la fixte mineure prés
la clef.

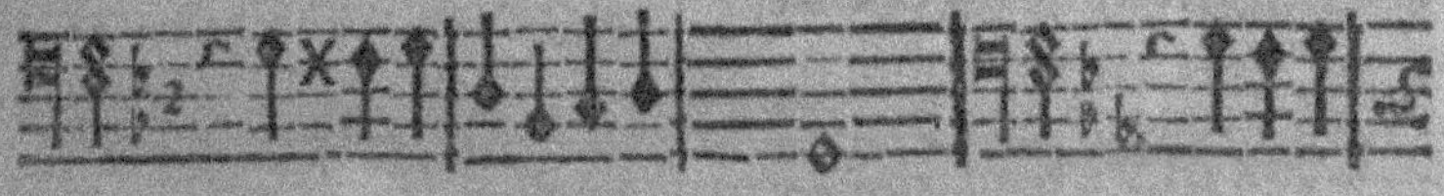

Sol
tierce mineure.

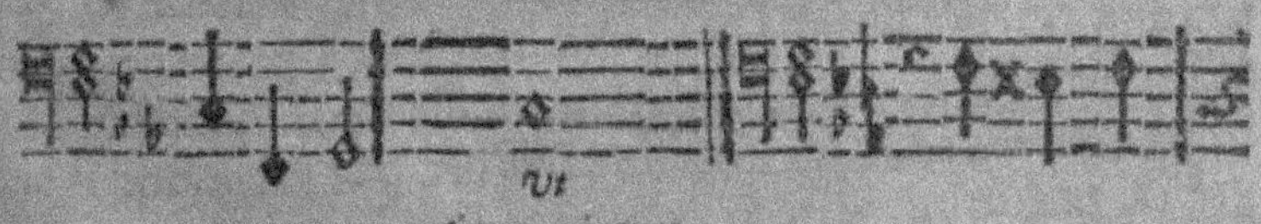

Ut
tierce mineure.

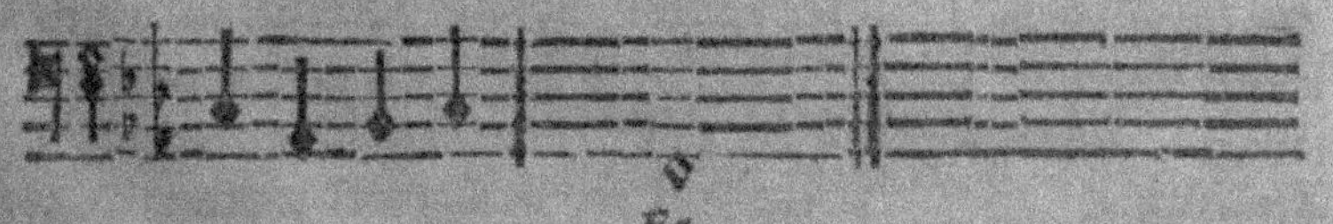

Fa
tierce mineure,

Et ainfi des trois autres.

On connoît aisément que ces modulations se trouvent rarement écrites de la maniere qu'elles le sont ci-devant, & qu'ordinairement elles sont écrites ainsi.

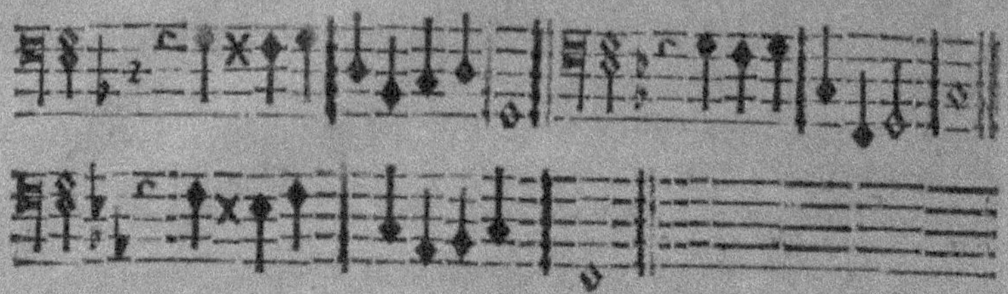

Cette maniere est sans doute la plus naturelle, puisqu'elle nous donne la facilité de nommer la derniere note un *re*, que nous connoissons être la modulation la plus aisée de toutes les modulations mineures.

Il seroit à souhaiter que tous ceux qui composent ou écrivent de la Musique, voulussent l'écrire de maniere, qu'on pût changer la derniere note de toutes les modulations majeures en *ut*, & la derniere note des modulations mineures en *re*, on n'auroit pour cet effet qu'à mettre prés de la clef la juste quantité de Bemols ou de Diezes necessaire à chacune en particulier, ce qui ne coûteroit pas plus que de les répandre accidentels dans la suite de l'Air ; mais comme jusqu'à present on n'est point encore convenu de cette regularité, & qu'il n'est pas sûr qu'on veüille prendre la peine de s'y accoûtumer, il s'agit de se mettre à l'épreuve des incidents que cette maniere d'écrire cause.

Je n'ay trouvé pour cet effet d'autre secours, que de se mettre dans la memoire tous les tons & demi-tons sur lesquels on peut travailler, avec la juste quantité de Bemols ou de Diezes necessaire à chacun en particulier; on les trouvera par ordre ci-devant dans les pages 34. & 35. pour les modulations majeures & mineures écrites avec des Diezes, & dans les pages 40. & 41. pour les modulations mineures & majeures écrites avec des Bemols.

La

La premiere chofe qu'il faut faire dans toutes les modu'ations écrites avec des Diezes, eft de s'appliquer à
connoî re la tier e de la derniere note de l'Air, & la
ch nger en la natu elle à qui elle reffemble.

Secondement, obferver avec foin s'il y a quelque
Dieze doublé prés la clef.

Troifiémement, remarquer bien la corde fur laquel'e
ce Dieze peut etre oublié, afin que lorfqu'on aura changé la derniere note en *re*, fuppofé que la tierce en foit
mineure, on ait foin de regarder ce Dieze comme inutile & fuperflu, à me ure qu'on le rencontrera accidentel dans le cours de l'Air fur la corde où il aura efté negligé prés la clef; & que lorfqu'on ne le trouvera plus
fur cette même corde on ait foin d'y fuppofer un Bemol:
cette maniere fubfifte dans toutes les tranfpofitions
écrites avec des Diezes, où l'on en peut trouver plu-
fieurs d'oubliez prés la clef, auffi-bien que dans celles
où il n'y en a qu'un.

Je fuppofe un Air dans lequel il y en a deux ou trois
de negligez prés la clef.

Lorfqu'on aura changé la tierce de la derniere note
en la naturelle à qui elle reffemble, on n'aura qu'à bien
remarquer les cordes où ces Diezes auront été negligez
prés la clef, afin que lorfqu'on les rencontrera dans la
fuite de l'Air prés des notes qui font fur ces cordes, on
ait foin de les regarder comme inutiles & fuperflus.

Mais lorfqu'on ne les trouvera plus, prés de ces mêmes notes, on aura foin d'y fuppofer des Bemols.

Voilà la feule maniere de fe pouvoir tirer des
tranfpofitions irregulierement écrites avec les Diezes.

On trouvera l'Air qui fuit travaillé fur le *la tierce mineure*; & quoiqu'il n'y ait ni Dieze ni Bemol prés la
clef, qui puiffe faire croire que la modulation ne foit
pas naturelle, il eft cependant certain que beaucoup
d'Ecoliers héfiteront la premiere fois à le folfier tel
qu'il eft écrit.

D

Mais si l'on veut changer la derniere note en *re* qui
est la modulation mineure la plus naturelle, & se souvenir qu'il y a un Dieze de negligé prés la clef dans la
orde du *fa*, lorsqu'on rencontrera ce Dieze dans la
suite de l'Air sur cette corde, on aura soin de le regarder
comme inutile & superflu; mais lorsqu'on ne le trouvera
plus prés des notes qui seront sur cette même corde, on
aura soin d'y suposer des Bemols : il est certain qu'un
Ecolier qui aura de la peine à l'executer tel qu'il est écrit
la premiere fois, l'emportera au premier coup tel
qu'il est écrit la seconde : & pour rendre ce que j'explique plus sensible, on trouvera deux petits points
sur les notes où il faudra suposer des Bemols.

Air travaillé sur le **La**, *tierce mineure, qui de-*
vroit être écrit avec un Dieze prés la clef dans
la corde du **Fa**, *pour en pouvoir reduire la*
modulation au naturel, en changeant la derniere
note en **Re.**

Il est aisé de juger par experience laquelle des deux manieres de solfier est la plus aisée.

La, tierce mineure
changé en Re,

Je passe à la seconde modulation qu'on neglige ordinairement d'écrire avec la quantité de Diezes qui lui est necessaire pour la pouvoir changer au naturel, on l'apelle le *mi tierce mineure*, ou *E si mi tierce mineure*.

Le *mi tierce mineure* devroit être écrit avec deux Diezes, l'un dans le *fa*, & l'autre dans l'*ut* ; celui de l'*ut* est celui qu'on obmet ordinairement à la clef, & qu'on trouve souvent accidentel dans le cours de l'Air, qui ne manque pas de former un chant difficile pour les Ecoliers. C'est pourquoi on ne sçauroit mieux faire que de changer la derniere note en *re*, dont la tierce est plus naturelle que celle du *mi*, en se souvenant qu'il y a un Dieze oublié à la clef dans la corde de l'*ut* ; toutes les fois qu'on le rencontrera sur cette corde dans le cours de l'Air, on le regardera comme inutile, & lorsqu'on

D ij

ne le trouvera plus, prés des notes qui feront fur cette corde, on aura foin d'y fuppofer un Bemol, de même que j'ay expliqué dans la modulation du *la ,tierce mineure* ci-devant, car cette maniere eft generale pour toutes les modulations écrites avec des Diezes, & qu'on peut apeller, irregulierement écrites, lorfque la jufte quantité de Diezes neceffaires à la modulation, ne fe trouve pas mife regulierement aprés la clef.

Air travaillé fur le Mi *tierce mineure , qui devroit être écrit avec deux Diezes à la clef, pour pouvoir changer la derniere note en* Re.

On trouvera de même que ci-devant, deux points fur les notes où il faudra fuppofer des Bemols.

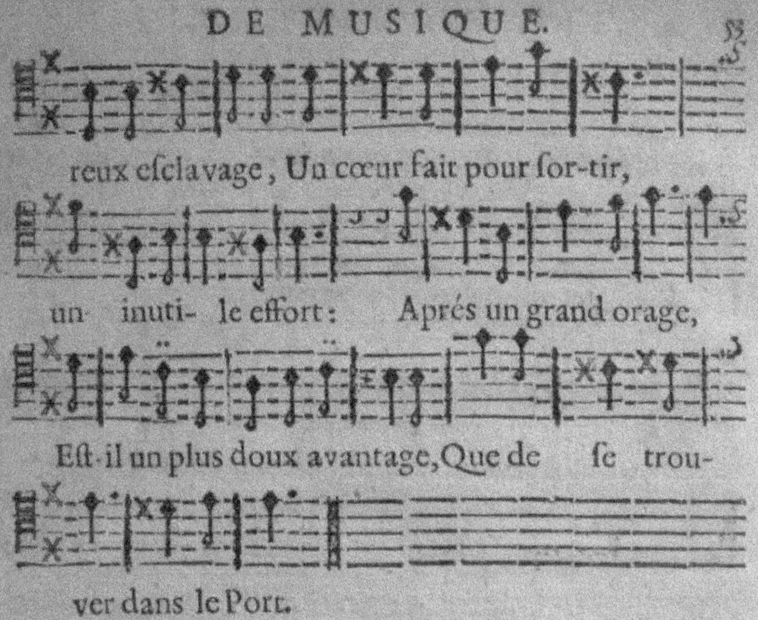

Ce même Air écrit regulierement paroîtra bien plus aifé à executer, que de la maniere dont il eft écrit ci-devant.

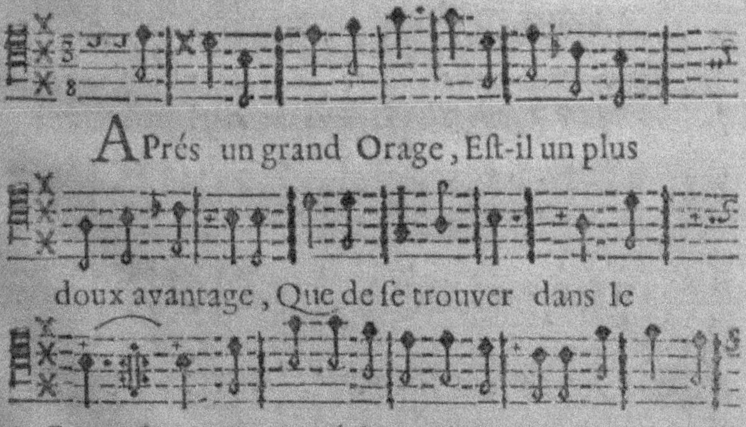

Air travaillé sur le Mi *tierce mineure, dont les
deux Diezes neceßaires à cette modulation
sont obmis prés la clef.*

On connoît par la derniere note de l'Air ci-deſſus, qu'il eſt travaillé ſur le *mi tierce mineure*; il faut changer ce *mi* en *re*, & ſe ſouvenir que le *mi tierce mineure* demande deux Diezes prés la clef, un dans le *fa*, & l'autre dans l'*ut*, lorſqu'on les rencontrera dans le cours de l'Air, prés des notes qui ſont ſur ces cordes, on les regardera comme inutiles; mais lorſqu'on ne les trouvera plus, on ſuppoſera ſur ces mêmes notes des Bemols.

Je paſſe à la Modulation du *ſi tierce mineure*, qu'on ne trouve ordinairement écrite qu'avec deux Diezes, & à laquelle il en faut trois, pour changer la derniere note en *re*.

Air travaillé sur le Si tierce mineure.

On connoît par le secours de la clef, que la derniere note de l'Air ci-dessus, est un *si*, que la tierce de ce *si* est mineure ; il faut changer ce *si* en *re*, comme étant la tierce la plus naturelle, & se souvenir que le *si tierce mineure* doit être écrit avec trois Diezes ; celui-ci ne l'étant qu'avec deux, un dans le *fa*, & l'autre dans l'*ut*, c'est celui du *sol* qu'on a negligé de mettre prés la clef. Lorsqu'on rencontrera ce Dieze dans le cours de l'Air sur la corde du *sol*, on le regardera comme inutile ; mais lorsqu'on ne le trouvera plus, prés des notes qui sont sur cette corde, on y suposera un Bemol :

voilà le moyen de pouvoir rendre cet Air beaucoup plus aisé à executer.

Le *la, tierce majeure*, ou *A mi la tierce majeure*, est encore du nombre des modulations qu'on trouve quelquefois écrites irregulierement, c'est-à-dire avec un Dieze de moins prés la clef, ce Dieze oublié est ordinairement celui du *sol* : c'est pourquoi lorsqu'on aura changé la derniere note de l'Air suivant, qui est un *la*, dont la tierce est majeure, en *ut*, on se souviendra qu'il y a un Dieze d'obmis prés la clef dans la corde du *sol* ; & toutes les fois qu'on le rencontrera dans le cours de l'Air prés des notes qui sont sur cette corde, on le regardera comme inutile ; mais lorsqu'on ne le trouvera plus prés de ces mêmes notes, on y supposera un Bemol.

On auroit assez de peine à executer la Scene suivante sans ce secours, j'entends toûjours pour des Ecoliers qui n'ont pas une grande pratique.

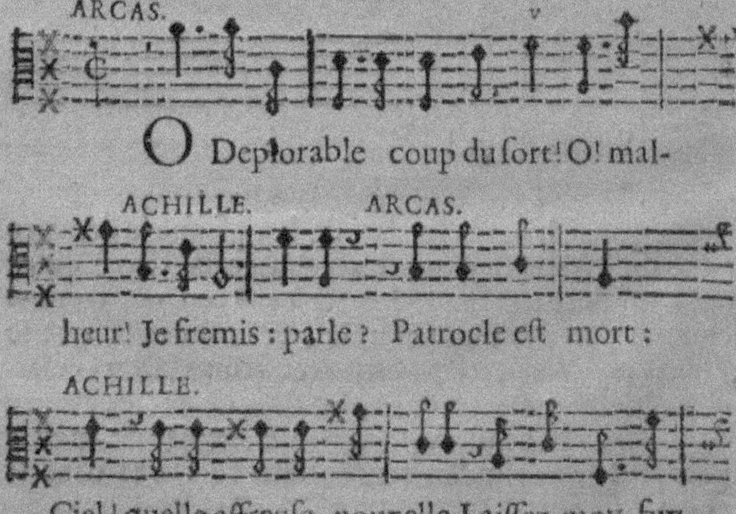

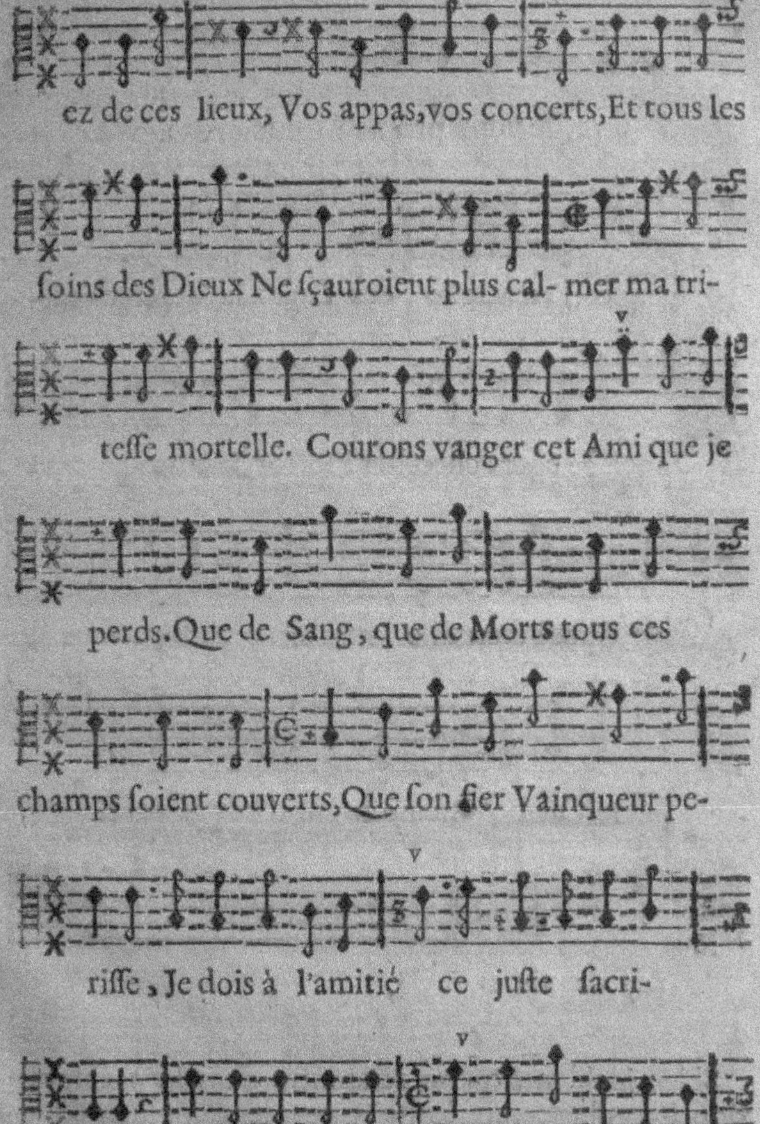

ez de ces lieux, Vos appas, vos concerts, Et tous les
foins des Dieux Ne sçauroient plus cal- mer ma tri-
teffe mortelle. Courons vanger cet Ami que je
perds. Que de Sang, que de Morts tous ces
champs foient couverts, Que fon fier Vainqueur pe-
riffe, Je dois à l'amitié ce jufte facri-
fice. Manes de ce Guerier, dont je pleure le

Si les incidents qu'on rencontre dans la tranſpoſi-
tion irregulierement écrite, pouvoient conſiſter ſeulement à un Dieze ou à un Bemol oubliez prés la clef, on
ne laiſſeroit pas, avec un peu de pratique, de ſe tirer

des endroits que nous venons de trouver: mais comme
la differente maniere d'écrire & de composer d'un chacun nous expose à trouver quelquefois jusqu'à trois
Diezes ou trois Bemols d'obmis prés la clef,
pour lors on est trop heureux de pouvoir trouver
le secret de surmonter les difficultez que cause cette maniere d'écrire.

*Air irregulierement écrit, par la quantité de Diezes
obmis prés la clef. On trouvera deux points
sur les notes où il faudra supposer des
Bemols, comme ci-devant.*

En regardant la clef toute simple de l'Air ci-deffus, c'est à dire fans avoir d'abord égard aux Diezes
qui font prés d'elle, on trouvera que la derniere note
est un *fi*; la tierce du *fi* n'étant compofée que d'un ton
& demi, est mineure : mais la quantité de Diezes dont
l'Air fe trouve chargé, doit obliger d'en examiner la
tierce avec foin. Aprés avoir trouvé que la tierce du *fi*
qui finit l'Air est la corde du *re*, il faut parcourir cette
corde dans le cours de l'Air, fur laquelle on trouvera
communement un Dieze; on ne doit plus douter alors
que ce ne foit le *fi tierce majeure*, il faut changer la derniere note en *ut*, comme étant la tierce majeure la
plus naturelle, & fe fouvenir que le *fi*, *tierce majeure*
doit être écrit avec cinq Diezes; mais celui-ci ne l'étant
qu'avec deux, un dans le *fa*, & l'autre dans l'*ut*, ceux
du *fol*, du *re* & du *La* font negligez prés la clef; & comme en changeant la derniere note en *ut*, on a pris fes
precautions pour fe paffer de ces trois Diezes, auffi-
bien que des deux qui font déja à la clef, on aura foin
de les regarder comme inutiles à mefure qu'on les ren-

contrera dans le cours de l'Air prés des notes qui font
fur ces trois cordes de *fol*, *re*, *la* ; mais lorfqu'on ne
les trouvera plus, prés de ces mêmes notes, on aura
foin, comme ci-devant, d'y fuppofer des Bemols : je
fçais qu'il ne fera pas aifé à tout le monde de conferver
cette attention ; mais voilà neanmoins le feul moyen
de pouvoir executer la tranfpofition écrite de cette maniere : & quelque attention que cela demande,
je trouve qu'on en eft bien payé, par le plaifir de pouvoir executer l'Air qu'on feroit obligé d'abandonner
fans ce fecours : cela ne va donc qu'à un quart-d'heure
d'application, plus ou moins.

Autre Air, écrit irregulierement.

On connoîtra avec un peu de soin quelle est la tierce de la derniere note de l'Air ci-dessus , en observant , qu'il y a un Dieze prés la clef sur la
corde où finit cette derniere note, on se souviendra de la quantité de Diezes que demande cette modulation : on fera attention à ceux qui sont negligez
prés la clef , pour en faire l'usage énoncé cy-devant.

Autre Air irregulierement écrit , qu'on executera
aisément , en prenant les mêmes precautions
qu'aux Airs précédents.

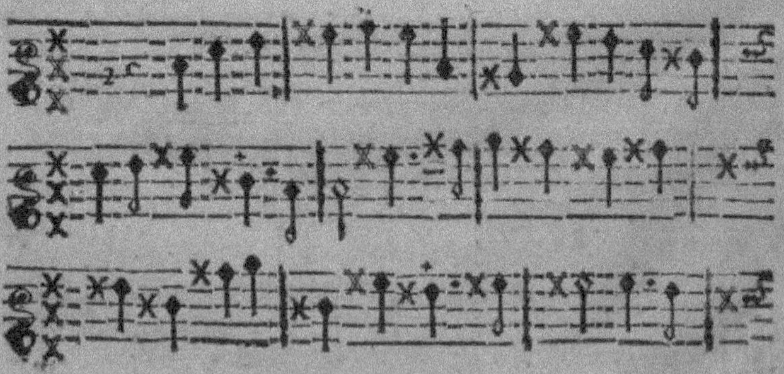

Si l'on examine la derniere note de cet Air, on trouvera que c'est un *ut Dieze*. La tierce de l'*ut Dieze*
étant mineure, il faut changer cet *ut* en *re*, & faire
attention aux Diezes obmis.

Pour executer l'Air suivant, on s'y prendra de la
même maniere qu'au precedent ; en observant, qu'il y
a un Dieze sur la corde de la note qui le finit : on se
souviendra des Diezes necessaires à cette modulation,

E

& de ceux qui font obmis prés la clef, pour en faire
le même ufage que ci-devant.

*Air travaillé dans une Modulation qui fe pratique
rarement, mais qu'on peut rencontrer.*

Ces exemples peuvent fuffire, pour faire voir jufqu'où peut aller l'irregularité des tranfpofitions écrites avec des Diezes. Voyons préfentement celles qui
fe trouvent écrites avec des Bemols, defquelles on fe
peut tirer avec la même attention, à la feule difference, que lorfqu'on trouvera des notes avec des Bemols fur les cordes où ils auront été obmis prés la clef,

on regardera ces Bemols comme inutiles ; & lorsqu'on trouvera ces mêmes notes sans Bemols, on aura soin d'y supposer des Diezes, c'est le contraire de ce qu'on a fait aux transpositions écrites avec des Diezes.

Je commence par la plus simple modulation qu'on trouve souvent écrite avec un Bemol, & à laquelle il en faudroit deux, pour pouvoir changer la tierce de la derniere note en naturelle, & rendre par ce moyen le chant plus aisé à executer.

On connoît par le secours de la clef, que la derniere note de l'Air suivant est un *si*, que sur cette corde du *si* il y a un Bemol prés la clef ; la tierce du *si bemol* étant composée de deux tons, s'apelle majeure : on se souviendra que le *si bemol tierce majeure* doit être écrit avec deux Bemols à la clef, un dans le *si*, & l'autre dans le *mi* ; celui-ci ne l'étant qu'avec un dans le *si*, celui du *mi* est obmis à la clef : il faut changer la derniere note de l'Air qui est un *si bemol*, en *ut*, & se souvenir qu'il y a un Bemol d'oublié à la clef dans la corde du *mi*, lorsqu'on le rencontrera dans la suite de l'Air prés des notes qui sont sur cette corde, on le regardera comme superflu ; mais lorsqu'on ne le trouvera plus, prés de ces mêmes notes, on aura soin d'y supposer un Dieze : voilà la maniere de pouvoir executer les transpositions écrites avec des Bemols, lorsqu'il y en a d'obmis prés la clef.

On trouve encore affez fouvent un incident, dont il eſt difficile de ſe tirer ſans un peu d'application.

La pluſpart de ceux qui compoſent de la Muſique, ou qui l'écrivent, ne ſe contentent pas ſeulement de negliger à la clef quelques Bemols ; mais ſouvent ils negligent d'y mettre le plus eſſentiel, & ſans lequel, il eſt aſſez difficile de connoître au premier coup ſi la Modulation eſt majeure ou mineure : je parle du Bemol, par lequel on peut connoître la tierce de la derniere note, c'eſt à dire celui qui doit être ſur la corde qui forme la tierce de cette derniere note.

Il n'y a point d'autre ſecours pour ſurmonter cet obſtacle, que d'examiner avec un peu de ſoin dans le cours de l'Air propoſé, la corde qui forme la tierce de la derniere note ; ſi l'on y trouve communement un Bemol, on doit juger da là, que la tierce en ſera mineure.

Je m'explique, l'Air propoſé finit par un *fa*.

E X E M P L E.

Comme on trouve déja deux Bemols prés la clef, on doit croire que ce n'eſt pas la modulation du *fa tierce majeure*, puiſqu'elle n'eſt jamais écrite qu'avec un Bemol à la clef, & au contraire ſe méfier, que puiſqu'on en trouve deux, il y a plus d'aparence que c'eſt le *fa tierce mineure*, & que le Bemol eſſentiel qui doit être dans la corde ou note qui termine la tierce de la derniere note, peut bien être negligé à la clef. En effet, ſi l'on veut examiner cette corde qui eſt le *la* dans le cours de l'Air, on y trouvera communement un Bemol, & c'eſt pour lors qu'on ne doit plus douter que c'eſt une modulation mineure : il faut donc changer la derniere note qui eſt un *fa* en *re*, & ſe ſouvenir que

le *fa tierce mineure* demande trois Bemos à la clef;
que l'exemple ci-devant n'en ayant que deux, le 3e. qui
devroît être dans le *la*, est negligé, & se trouve accidentel dans la suite de l'Air; c'est pourquoi lorsqu'on
le rencontrera sur cette corde du *la*, on le regardera
comme superflu, mais lorsqu'on ne le trouvera plus
prés des notes qui sont sur cette corde, on y supposera
un Dieze : & ainsi de tous les Bemols qu'on connoîtra
être negligez prés la clef : on trouvera deux points
sur les notes où il faudra supposer un Dieze

On connoîtra par le secours de la clef, que la derniere note de l'Air suivant est un *fa*, dont la tierce qui
est le *la* paroît majeure; mais si l'on veut examiner
dans le cours de l'Air cette corde du *la*, on y trouvera
communement un Bemol, qui doit persuader que c'est
le *fa tierce mineure*; on se souviendra que le *fa tierce
mineure* doit être écrit avec trois Bemols à la clef, que
celui-cy ne l'étant qu'avec deux, le troisiéme qui est celui du *la* est negligé; il faut changer comme ci-devant
le *fa* qui finit l'Air en *re*, & songer au Bemol oublié,
pour en faire l'usage ci-dessus.

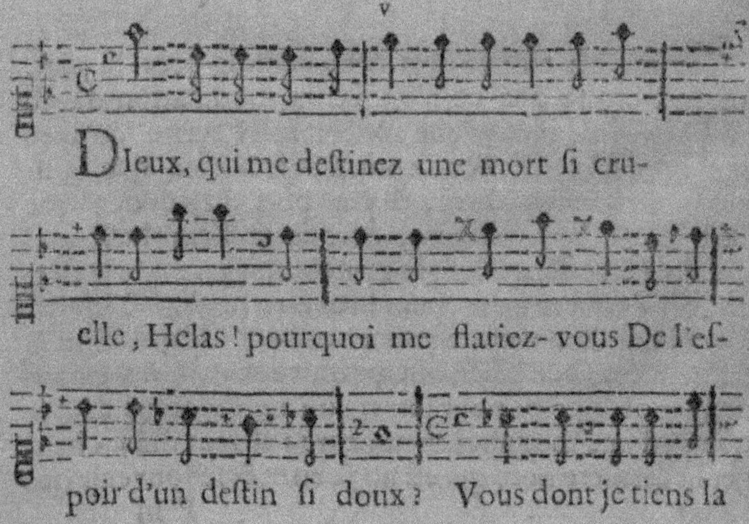

vic, & vous Peuple fidelle, Joüiffez par ma
mort d'une Paix éter- nelle ; Je vais fléchir les
Dieux irritez contre vous, Et fi ma mere eft
criminelle, C'eft moi qui doit fléchir le ce-
lefte couroux, Par le fang que j'ay reçû d'elle ; Heu-
reufe de perir pour le falut de tous :
Un fouvenir charmant qu'en mourant je ra-

pelle, Les appas, les douceurs d'un amour mutu-
elle, Sont de mon triste sort les plus terribles
coups. Le Fils de Jupi- ter eût été mon E-
poux: Ah! que ma vie eût été belle! Dieux
qui me destinez une mort si cruelle, Helas!
pourquoy me flatiez-vous de l'espoir d'un de-
stin si   doux?

La modulation de l'Air suivant eſt encore une de
celles qu'on néglige d'écrire regulierement, puiſqu'on
la trouve ſouvent écrite avec deux Bemols, & qu'il en
faudroit trois, pour pouvoir changer la derniere note
en *ut*. On aura ſoin de voir celui qui manque prés
la clef, pour en faire l'uſage expliqué ci-devant.

On connoît par le ſecours de la clef, que la derniere note de l'Air ſuivant eſt un *ſi bemol*, puiſqu'il
y a un Bemol prés la clef ſur cette corde du *ſi* ; la tierce
du *ſi bemol* étant compoſée de deux tons, ſe trouve
majeure ; mais la quantité de Bemols dont l'Air
eſt rempli, doit faire juger que cette tierce pourroit bien être changée : En effet, ſi l'on veut examiner
dans le cours de l'Air la tierce de ce *ſi* qui eſt le *re*,

on y trouvera communément un Bemol: on ne doit
plus douter pour lors que ce ne soit le *si bemol*, *tierce
mineure*, on n'a qu'à changer ce *si bemol* qui finit l'Air
en *re*, & se souvenir des Bemols obmis à la clef, pour
en faire l'usage ci-dessus.

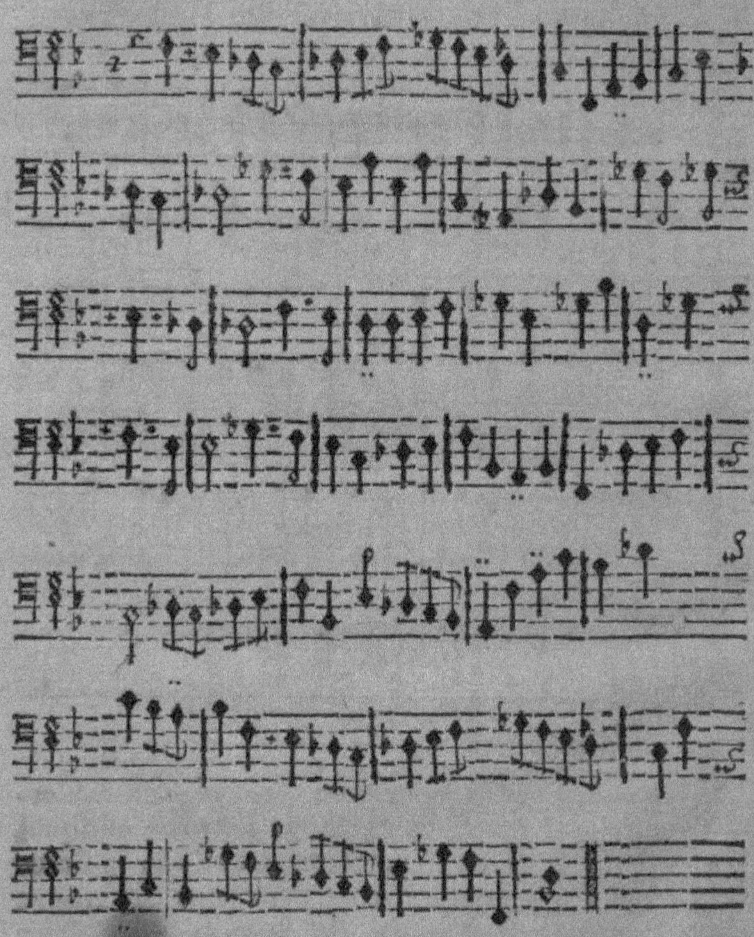

Je suppose toûjours qu'on ait dans la memoire la
juste quantité de Bemols & de Diezes necessaires à

chaque ton en particulier, afin de pouvoir connoître ceux qui peuvent être oubliez prés la clef.

On connoîtra que la derniere note de l'Air sui-vant est un *la, bemol*, dont la tierce est majeure : on en sera encore mieux persuadé, si l'on veut suivre cette corde du *la* dans le cours de l'Air, sur laquelle on trouvera communément un Bemol, lorsqu'on aura changé ce *la* en *ut*. On se souviendra de la quantité de Bemols que demande cette modulation, pour con-noître ceux qui sont oubliez prés la clef, & faire la même chose qu'aux Airs précédents.

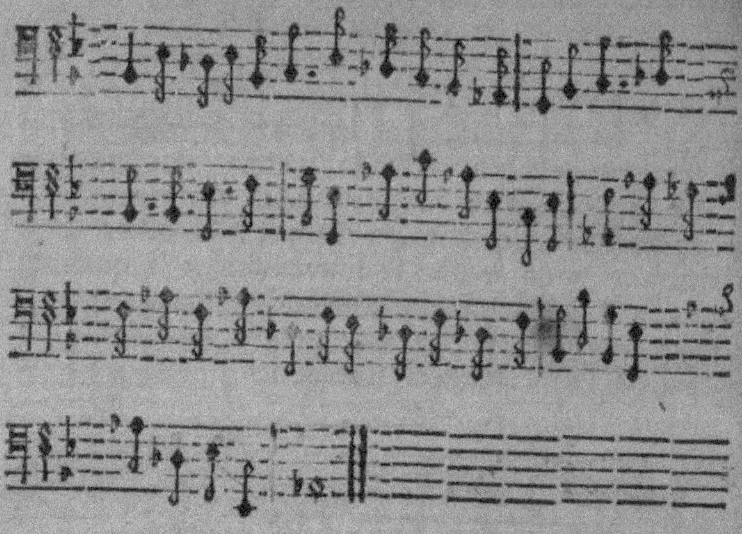

On trouvera par le secours de la clef toute simple,
que la derniere note de l'Air suivant est un *mi* : si
l'on veut suivre cette corde du *mi* jusqu'à la clef,
on y trouvera un Bemol; s'il n'y avoit point d'autre
accident, la tierce de ce *mi bemol* seroit majeure;
mais la quantité de Bemols dont l'Air paroît rempli,
doit obliger d'examiner cette tierce de plus prés, la
tierce de ce *mi* est le *sol*; si l'on veut suivre cette
corde du *sol* dans le cours de l'Air, on y trouvera
communément un Bemol : c'est pourquoi on ne doit
plus douter alors que ce ne soit le *mi bemol, tierce mi-*
neure; il faut changer ce *mi bemol* qui finit l'Air, en
re, & si l'on se souvient de la quantité de Bemols necessaires à cette modulation, on trouvera qu'elle doit
être écrite avec cinq Bemols; que celle-ci ne l'étant
qu'avec deux, ceux du *la*, du *re* & du *sol* sont negligez à la clef, ce qui fait qu'on en trouve l'Air si rempli :
on les doit cependant regarder comme inutiles, si-tost
qu'on a changé la derniere note en *re*, avec l'atten-

tion de faire des Diezes fur ces trois cordes, lorfqu'on les trouvera fans Bemols.

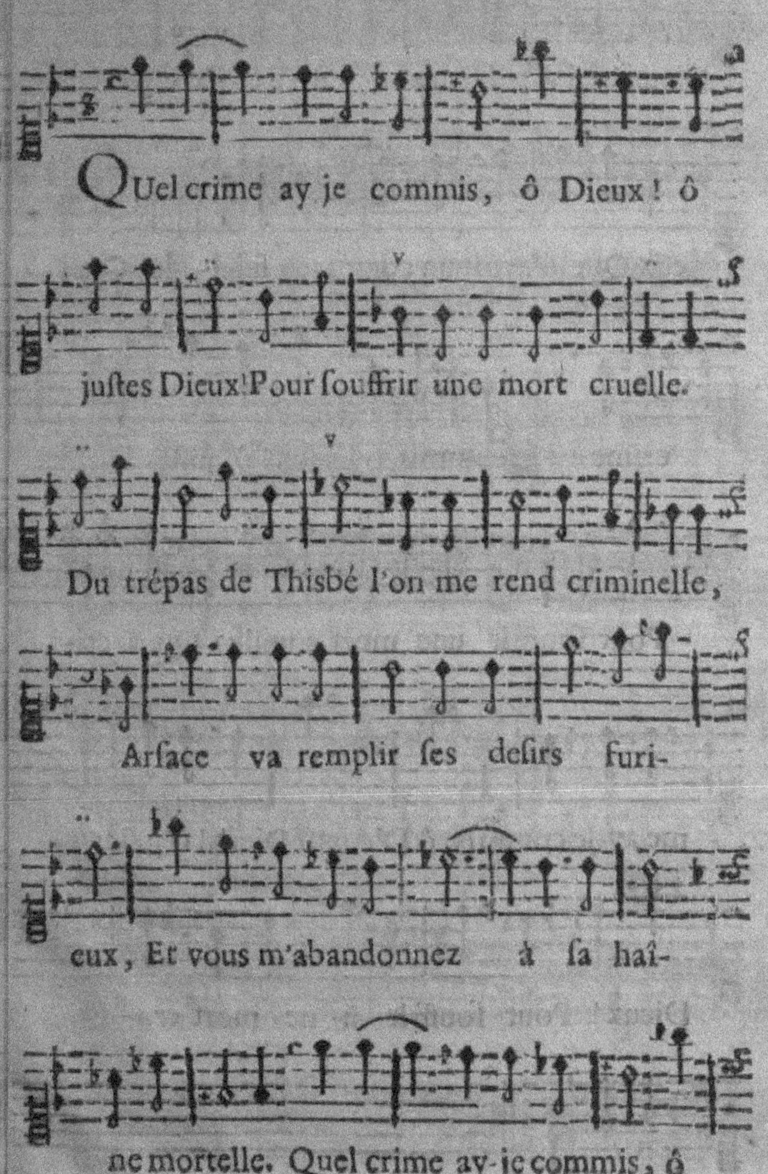

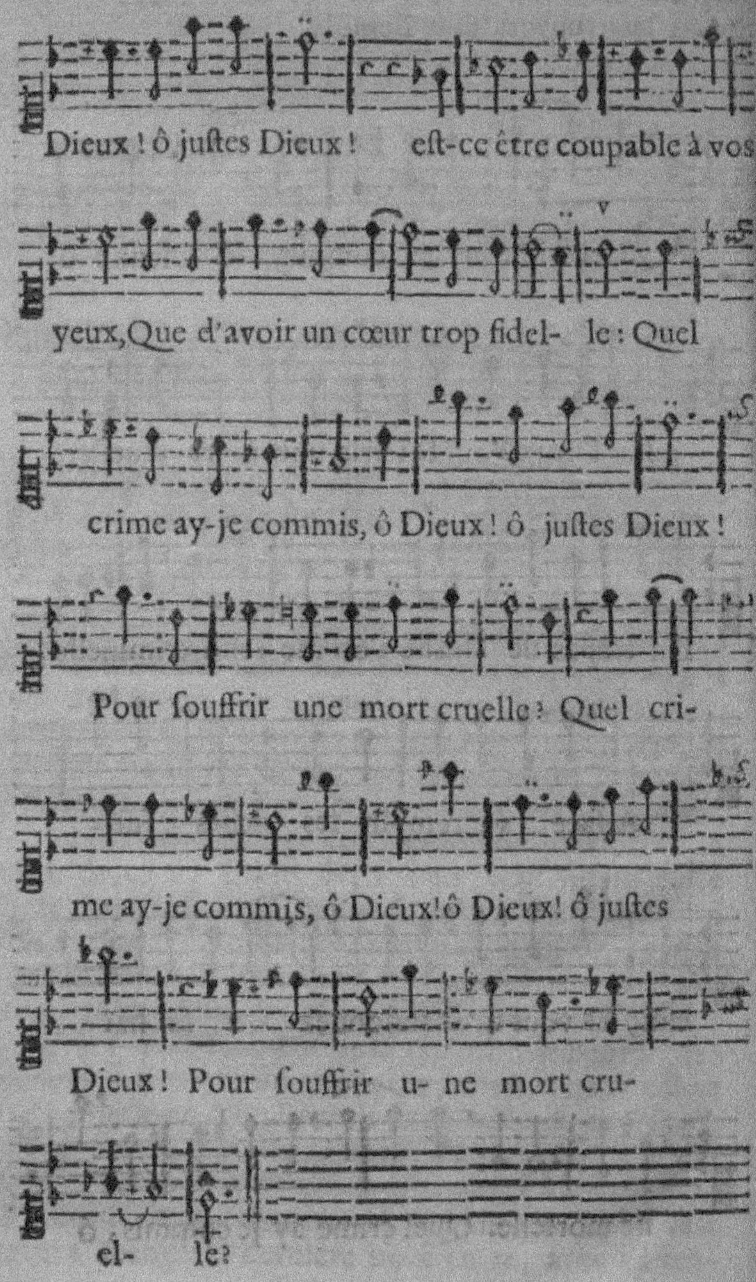
Dieux ! ô juftes Dieux ! est-ce être coupable à vos
yeux, Que d'avoir un cœur trop fidel- le : Quel
crime ay-je commis, ô Dieux ! ô juftes Dieux !
Pour fouffrir une mort cruelle? Quel crime ay-je commis, ô Dieux! ô Dieux! ô juftes
Dieux! Pour fouffrir u- ne mort cru-
el- le?

L'Air de Violon suivant est travaillé dans la même modulation, & écrit de la même maniere; c'est pourquoi on prendra les mêmes précautions pour l'executer.

Air écrit de la même maniere que les deux pré-
cédents , dont la modulation
est differente.

Quoique les tons sur lesquels sont écrits les deux
Airs suivants ne soient gueres en usage, & que beaucoup de gens ne conviennent pas qu'on y puisse travailler, je ne laisseray pas d'en donner un exemple qu'on
doit trouver moins ridicule que l'Air Italien qui termine cet Ouvrage, puisqu'il est travaillé dans
une modulation qui n'a jamais été pratiquée.

Il sera à la liberté de ceux qui auront peine à consentir qu'on puisse travailler dans cette modulation,
de la mettre sur le *fa dieze*, *tierce majeure*, il demande six Diezes, comme celle-cy demande six Bemols.

Air écrit de la même maniere, quoique la Modu-
lation soit differente.

On pourra de même mettre cette modulation sur le *sol dieze*, *tierce mineure*, il demande six Diezes, comme celle-cy demande six Bemols.

Air Italien, écrit dans une modulation qui n'est point en usage.

go, Pian-
go
Che Clori o mai,
Che Figli offesi ,
7me mesure.
Cresce col paragon- la tua vit-

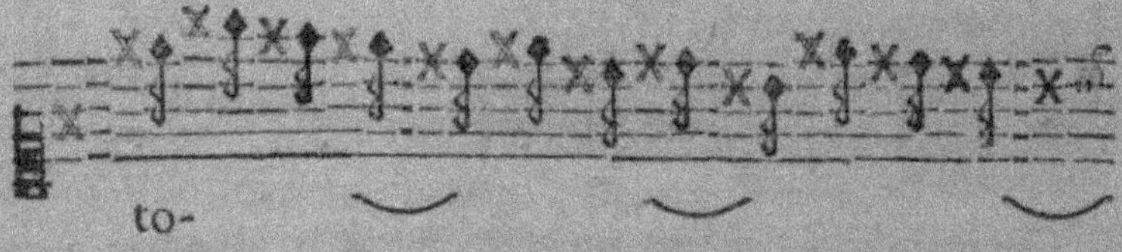
to-

ria, Cresce col para-

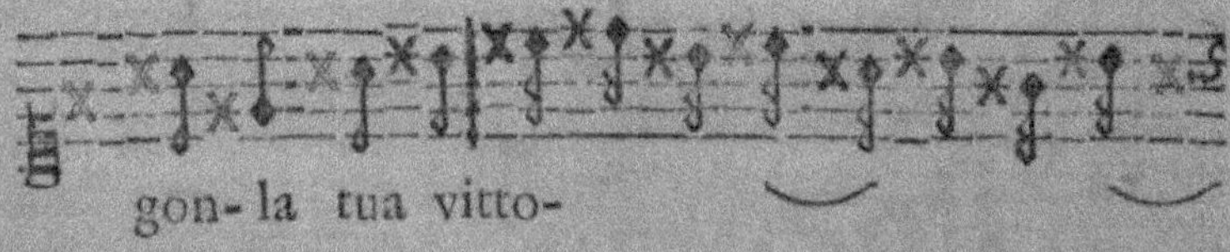
gon- la tua vitto-

On ne peut rien de plus irregulierement écrit que
l'Air précédent; car non feulement il eft dans une
modulation qui n'eft point en ufage, & fur un ton
qu'on peut apeller fuperflu, puifqu'on voit bien que
c'eft un Air qu'on a pris plaifir à mettre un demi-
ton plus haut qu'il ne doit être, & qu'il n'eft pas
même fur le demi-ton qui feroit la modu'ation en
ufage, laquelle ne demanderoit que quatre Bemols;
& que le ton dans lequel il eft écrit, demande huit

Diezes : ce qui se trouveroit contre nos principes, par lesquels nous sommes persuadez que la plus forte transposition en Diezes ne peut exceder le nombre de six : Non seulement ce ton est superflu, mais les Diezes qui pourroient entrer dans la modulation, supposé qu'elle pût être en usage, sont tous mis accidentels dans le cours de l'Air, ce qui doit embarasser ceux qui voudront l'executer, & à qui il sera très-difficile de connoître si la modulation est majeure ou mineure, sans l'application & le soin d'examiner que la derniere note est un *la dieze*, dont la tierce est un *ut*, auquel on trouvera un Dieze dans le cours de l'Air : on peut dire que cet Air est travaillé sur le *la, tierce mineure*, mis un demi-ton plus haut, & que ce demi-ton plus haut devroit être de bonne foy le *si bemol, tierce mineure*, & que quelque particulier a pris plaisir à écrire ainsi, pour embarasser non seulement les ecoliers, mais encor ceux qui ont le plus de pratique.

Ce qui le rend plus difficile, est qu'il paroît que le commencement n'est pas dans la même modulation que la fin, & que pour le pouvoir executer, il le faut chanter jusqu'à la septiéme mesure tel qu'il est écrit, par raport à la clef, en faisant les Diezes à mesure qu'on les trouvera jusqu'à la septiéme mesure, qu'on peut commencer à le chanter sans avoir égard à aucun Dieze jusqu'à la fin : voilà je crois la seule maniere de se pouvoir tirer de l'execution de cet Air.

Aprés cela nous ne sommes pas obligez d'être à l'épreuve du caprice de ceux qui voudront nous former des difficultez de cette nature ; nous trouverons assez d'incidents dans les modulations permises, & qu'on peut trouver irregulierement écrites, sans nous embarasser de ceux qu'on nous peut former dans celles qui ne sont d'aucun usage.

F I N.

Corrections à faire.

Page 24. ligne 28. il y a *la modulâtion* , lisez *modulation*.

Page 39. ligne 16. il y a *la* , lisez *fa*.

Page 42. ligne 12. il y a *Dieze* , lisez *Bemol*.

Pag. 45. deuxiéme portée de Musique , la Clef doit être sur la premiere ligne en bas.

Pag. 46. lig. premiére , il y a *d'écrire* , lisez *de chanter*.

Pag. 47. lig. 14. il y a *ce* , lisez *le*.

Pag. 49. lig. 6. il y a *doublé* , lisez *d'oublié*.

Pag. 50. lig. 4. il y a *orde* , lisez *corde*.

Pag. 63. mesure septiéme , il faut un *Dieze* à la deuxiéme note.

Pag. 77. mesure deuxiéme , il faut un *Bemol* à la deuxiéme note.

EXTRAIT DU PRIVILEGE.

PAR Lettres Patentes du Roy données à Arras l'onziéme jour du mois de May, l'An de Grace mil six cent soixante & treize, Signées LOUIS; Et plus bas, par le Roy, COLBERT; Scellées du grand Sceau de Cire jaune: Vérifiées & Registrées en Parlement le 15. Avril 1678. confirmées par Arrests contradictoires du Conseil Privé du Roy des 30. Septembre 1694. & 6. Aoust 1696. Il est permis à Christophe Ballard, seul Imprimeur du Roy pour la Musique, d'Imprimer, faire Imprimer, Vendre, & Distribuer toute sorte de Musique, tant Vocale, qu'Instrumentale, de tous Auteurs: Faisant défenses à toutes autres personnes de quelque condition & qualité qu'elles soient, d'entreprendre ou faire entreprendre ladite Impression de Musique, ni autre chose concernant icelle, en aucun lieu de ce Royaume, Terres & Seigneuries de son obeïssance, nonobstant toutes Lettres à ce contraires; ni même de tailler, ni fondre aucuns Caracteres de Musique, sans le congé & permission dudit Ballard, à peine de confiscation desdits Caracteres & Impressions, & de six mille livres d'amende, ainsi qu'il est plus amplement declaré esdites Lettres: Sadite Majesté voulant qu'à l'Extrait d'icelles mis au commencement ou fin desdits Livres imprimez, foy soit ajoutée comme à l'Original.

9 782329 255668